Fodmap und Hashimoto Kochbuch

Das große 2-in-1 Kochbuch mit einfachen und leckeren Rezepten für einen gesunden und beschwerdefreien Darm und für eine optimale Ernährung bei Hashimoto.

Inhalt

FODMAP-arme Ernährung

Vorwort

Liebe Leserin, lieber Leser,

als Autorin und leidenschaftliche Köchin, die stets auf der Suche nach neuen, inspirierenden Ideen für die Küche ist, habe ich es mir zur Aufgabe gemacht, die FODMAP-arme Ernährung in den Mittelpunkt zu stellen. In diesem Buch findest du daher eine Vielzahl an Rezepten, die alle eines gemeinsam haben: Sie sind liebevoll zusammengestellt, leicht nachzukochen und sie tragen dazu bei, Verdauungsbeschwerden wie zum Beispiel Blähungen, Bauchschmerzen und Reizdarm-Symptome zu lindern.

Das Bewusstsein für eine gesunde Ernährung hat in den letzten Jahren enorm zugenommen und es wird immer deutlicher, dass es kaum einen besseren Weg gibt, unserem Körper Gutes zu tun, als durch eine bewusste Lebensmittelauswahl. Das Ziel dieses Buches ist es, dich auf deinem persönlichen Weg zu einem gesunden Lebensstil zu begleiten und dir zu zeigen, dass eine FODMAP-arme Ernährung nicht bedeutet, dass du auf Genuss verzichten musst. Ganz im Gegenteil: Die Rezepte in diesem Buch beweisen, dass eine angepasste Ernährung und Genuss Hand in Hand gehen können.

Ich hoffe, dass du durch dieses Kochbuch die Freude am Entdecken und Ausprobieren neuer Rezepte findest. Denn am Ende des Tages geht es nicht nur darum, was wir essen, sondern auch darum, wie wir es zubereiten und genießen. Es ist die Leidenschaft, die Hingabe und die Liebe, die wir in die Zubereitung unserer Mahlzeiten stecken, die sie zu etwas Besonderem machen.

Nun wünsche ich dir viel Spaß beim Ausprobieren der Rezepte und beim Entdecken neuer Lieblingsgerichte. Möge dieses Buch dich auf deinem Weg zu einem gesunden und genussvollen Lebensstil begleiten.

Deine Carina Lehmann

Anmerkung zu den Rezepten

Du magst dich fragen, warum in diesem Kochbuch auf Bilder verzichtet wurde. Eine ungewöhnliche Wahl, das ist mir bewusst, denn wir leben in einer visuell stark orientierten Welt, in der ein Bild oft mehr als tausend Worte zu sagen scheint. Doch gerade im Kontext der Kulinarik glaube ich, dass diese bildlastige Herangehensweise uns manchmal die Möglichkeit nimmt, unsere eigene kreative Interpretation zu entwickeln und uns auf das Wesentliche zu konzentrieren: den Geschmack, die Aromen und die Freude am Kochen.

Stell dir vor, du blätterst durch ein Kochbuch, siehst ein wunderbares Foto eines Gerichts und denkst: „Das möchte ich kochen". Das Bild setzt eine Erwartung. Es formt eine Vorstellung davon, wie das Endergebnis aussehen sollte. Doch was passiert, wenn dein Gericht nicht genau so aussieht wie auf dem Bild? Fühlst du dich dann als hättest du versagt? Dabei geht es beim Kochen doch eigentlich um den Prozess, die Erfahrung und letztendlich den Geschmack – nicht um die Perfektion eines Food-Fotos.

In diesem Kochbuch fehlen die Bilder bewusst. Ohne Bilder bist du frei, dir eigene Vorstellungen zu machen, wie dein Gericht aussehen könnte. Du hast die Freiheit, zu experimentieren, zu variieren und dein eigenes, einzigartiges Gericht zu kreieren.

Zusätzlich lege ich großen Wert darauf, dass du das Kochen als kreativen Prozess erlebst. Jedes Gericht, das du zubereitest, ist Ausdruck deiner Persönlichkeit, deiner Vorlieben, deines Geschmacks. Ohne vorgefertigte Bilder bist du der Künstler, der sein eigenes Kunstwerk schafft – einzigartig und individuell.

In diesem Sinne lade ich dich ein, dich auf diese besondere kulinarische Reise einzulassen. Lass dich von deiner Vorstellungskraft und deinen Geschmacksknospen leiten, nicht von Hochglanzbildern. Ich bin sicher, du wirst dabei ganz neue Seiten des Kochens entdecken.

Frühstück

Quinoa-Porridge mit Erdbeeren

Zubereitungszeit: 20 Minuten
Portionen: 1 Person

Zutaten:

- 50 g Quinoa, gut gespült
- 250 ml laktosefreie Milch oder Mandelmilch
- 5-6 frische Erdbeeren, gewaschen und geviertelt
- 1 TL Ahornsirup
- 1 TL Chia-Samen (nicht mehr als 2 EL pro Tag)
- Eine Prise Salz
- Einige frische Minzblätter, fein gehackt
- 1 EL Kokosnussraspeln

Zubereitung:

1. Du startest, indem du die Quinoa in einem Sieb unter fließendem Wasser gut spülst. Dieser Schritt ist wichtig, um den oft bitteren Geschmack der Quinoa zu entfernen.

2. Gib die Quinoa zusammen mit der laktosefreien Milch oder Mandelmilch und einer Prise Salz in einen Topf. Erhitze den Inhalt auf mittlerer Stufe, bis er zu köcheln beginnt.

3. Reduziere die Hitze auf niedrig und lass die Mischung unter gelegentlichem Rühren 15 Minuten köcheln. Die Quinoa sollte nun weich sein und die Milch fast vollständig absorbiert haben.

4. Füge die Chia-Samen und den Ahornsirup hinzu und rühre gut um. Wenn du es süßer magst, kannst du noch etwas mehr Ahornsirup hinzufügen.

5. Nimm den Topf vom Herd und lasse das Porridge kurz stehen.

6. Serviere dein Quinoa-Porridge in einer Schale oder einem tiefen Teller. Belege es mit den frischen Erdbeeren, streue die Kokosnussraspeln darüber und garniere mit den frisch gehackten Minzblättern.

Laktosefreier Joghurt mit frischer Ananas

Zubereitungszeit: 10 Minuten
Portionen: 1 Person

Zutaten:

- 200 g laktosefreier Joghurt
- 100 g frische Ananas, gewürfelt
- 10 g Kürbiskerne, geröstet
- 1 EL Chia-Samen (nicht mehr als 2 EL pro Tag)
- 1 EL Ahornsirup
- 1 TL frischer Ingwer, gerieben
- Einige frische Minzblätter, zur Dekoration
- Eine Prise Zitronengras, fein gehackt

Zubereitung:

1. Die Ananas schälen und in kleine Würfel schneiden.
2. Den Ingwer schälen und fein reiben.
3. In einer Schüssel den laktosefreien Joghurt mit dem geriebenen Ingwer und Ahornsirup vermischen.
4. Die Ananaswürfel und Chia-Samen zum Joghurt hinzufügen und gut umrühren.
5. Die Joghurt-Ananas-Mischung in eine Schale geben.
6. Mit gerösteten Kürbiskernen und einer Prise fein gehacktem Zitronengras bestreuen.
7. Zum Schluss mit frischen Minzblättern dekorieren.

Haferflocken-Muffins

Zubereitungszeit: 25 Minuten
Portionen: 1 Person

Zutaten:

- 50 g Haferflocken
- 40 g glutenfreies Mehl (z.B. Reismehl oder Maismehl)
- 1 TL Backpulver
- 1 Bio-Ei
- 60 ml laktosefreie Milch oder Mandelmilch
- 2 EL Ahornsirup
- 1 TL natives Olivenöl extra
- 1 Prise Salz
- 50 g frische Heidelbeeren
- 1 TL Zitronenabrieb von einer Bio-Zitrone
- 1 TL gehackte Petersilie

Zubereitung:

1. Heize deinen Ofen auf 180 Grad vor.
2. In einer Schüssel Haferflocken, glutenfreies Mehl und Backpulver miteinander vermischen.
3. In einer anderen Schüssel das Ei mit der laktosefreien Milch, Ahornsirup und Olivenöl verquirlen.
4. Die nassen Zutaten zu den trockenen geben und alles gut verrühren.
5. Die Heidelbeeren und den Zitronenabrieb unter den Teig heben.
6. Die Muffinförmchen zu etwa zwei Dritteln mit dem Teig füllen.
7. Die Muffins im vorgeheizten Ofen für etwa 15-18 Minuten backen, bis sie fest sind und eine goldbraune Farbe angenommen haben.
8. Lass die Muffins ein paar Minuten in der Form abkühlen, bevor du sie herausnimmst. Bestreue die Muffins vor dem Verzehr mit etwas gehackter Petersilie. Guten Appetit.

Kokosmilch-Smoothie mit Papaya

Zubereitungszeit: 10 Minuten
Portionen: 1 Person

Zutaten:

- 1 reife Papaya, geschält, entkernt und gewürfelt
- 200 ml Kokosmilch
- 1 unreife Banane, geschält und in Stücke geschnitten
- 1 TL Ahornsirup, je nach gewünschter Süße
- 1 EL Chia-Samen (nicht mehr als 2 EL pro Tag)
- 1 Prise gemahlener Ingwer
- Saft einer halben frischen Bio-Limette
- 3-4 Eiswürfel
- Einige frische Minzblätter zum Dekorieren

Zubereitung:

1. Nimm einen Mixer zur Hand und gebe die gewürfelte Papaya, die Banane und die Eiswürfel hinein.
2. Füge nun die Kokosmilch, den Ahornsirup und den Limettensaft hinzu. Für eine leichte Schärfe kannst du eine Prise gemahlenen Ingwer beigeben.
3. Mixe alles auf höchster Stufe, bis der Smoothie schön cremig ist.
4. Überprüfe die Konsistenz und Süße. Wenn du es süßer magst, kannst du noch etwas Ahornsirup hinzufügen und erneut mixen.
5. Gieße den Smoothie in ein großes Glas und streue die Chia-Samen darüber. Lass den Smoothie etwa 5 Minuten stehen, damit die Chia-Samen aufquellen können.
6. Zum Schluss mit ein paar frischen Minzblättern dekorieren.

Rührei mit Spinat und Tomaten

Zubereitungszeit: 15 Minuten
Portionen: 1 Person

Zutaten:

- 2 Bio-Eier
- 100 g Spinat, gewaschen und grob gehackt
- 2 Tomaten, gewaschen und gewürfelt
- 1 EL natives Olivenöl extra
- 30 g Feta, zerkrümelt
- 1 EL gehackte Petersilie
- 1/4 TL Paprikapulver
- Salz und Pfeffer nach Geschmack
- 1 TL gehackter Schnittlauch

Zubereitung:

1. In einer Pfanne das Olivenöl erhitzen. Den Spinat hinzufügen und 2-3 Minuten anbraten, bis er leicht zusammenfällt.

2. Die gewürfelten Tomaten in die Pfanne geben und weitere 2 Minuten braten.

3. In einer Schüssel die Eier aufschlagen, mit Salz, Pfeffer und Paprikapulver würzen und gut verquirlen.

4. Die verquirlten Eier zum Spinat und den Tomaten in die Pfanne gießen.

5. Unter ständigem Rühren das Ei stocken lassen, sodass ein cremiges Rührei entsteht.

6. Kurz vor dem Servieren den zerkrümelten Feta und die gehackte Petersilie unter das Rührei heben.

7. Das fertige Rührei auf einen Teller geben und mit Schnittlauch bestreuen.

Reiswaffeln mit Avocado

Zubereitungszeit: 15 Minuten
Portionen: 1 Person

Zutaten:

- 3 Reiswaffeln
- 1/2 reife Avocado, geschält und entkernt
- 3 Scheiben Tomate
- 1 TL frisch gehackte Petersilie
- 1 EL natives Olivenöl extra
- 1 TL Bio-Limettensaft
- 1 Prise Paprikapulver
- Salz und Pfeffer nach Geschmack
- 1 EL Kürbiskerne

Zubereitung:

1. Zunächst die Avocado in eine Schüssel geben und mit einer Gabel zerdrücken, bis eine grobe Paste entsteht.
2. Limettensaft, Olivenöl, Paprikapulver, Salz und Pfeffer zur Avocado-Paste hinzufügen und alles gut vermischen.
3. Nun die Reiswaffeln auf einen Teller legen.
4. Die Avocado-Mischung gleichmäßig auf den drei Reiswaffeln verteilen.
5. Jede Reiswaffel mit einer Scheibe Tomate belegen.
6. Das Ganze mit frisch gehackter Petersilie und Kürbiskernen bestreuen.

Omelett mit Feta und Rucola

Zubereitungszeit: 15 Minuten
Portionen: 1 Person

Zutaten:

- 2 Bio-Eier
- 50 g Feta, zerkrümelt
- Eine Handvoll Rucola Salat, gewaschen und grob gehackt
- 5 Cherry-Tomaten, halbiert
- 1/4 gelbe Paprika, gewürfelt
- 1 EL natives Olivenöl extra
- Eine Prise Salz und Pfeffer
- 1 EL gehackter Schnittlauch
- 1 TL gehackter Basilikum

Zubereitung:

1. In einer Schüssel die Eier aufschlagen und mit einer Gabel leicht verquirlen. Etwas Salz, Pfeffer und Basilikum hinzufügen und beiseite stellen.

2. In einer beschichteten Pfanne das Olivenöl erhitzen. Paprika und Cherry-Tomaten hinzufügen und 2-3 Minuten anbraten, bis sie weich sind.

3. Die verquirlten Eier in die Pfanne geben und gleichmäßig verteilen. Das Omelett bei mittlerer Hitze garen, bis die Unterseite goldbraun ist.

4. Den zerkrümelten Feta und den Rucola gleichmäßig über die eine Hälfte des Omeletts streuen.

5. Wenn das Omelett durchgegart, aber oben noch leicht feucht ist, mit einem Pfannenwender die leere Omeletthälfte über die belegte klappen.

6. Noch etwa 1 Minute in der Pfanne lassen, dann auf einen Teller gleiten lassen.

7. Mit Schnittlauch bestreuen und servieren. Guten Appetit!

Glutenfreie Hafer-Pfannkuchen mit Ahornsirup

Zubereitungszeit: 15 Minuten
Portionen: 1 Person

Zutaten:

- 70 g glutenfreie Haferflocken
- 1 Bio-Ei
- 100 ml laktosefreie Milch oder Mandelmilch
- 1 TL Backpulver
- Eine Prise Salz
- 1 TL Zucker
- Einige frische Heidelbeeren, gewaschen
- 1 EL Ahornsirup zum Beträufeln
- Ein wenig Butter oder Margarine zum Braten
- Einige frische Erdbeeren zum Garnieren, gewaschen und halbiert

Zubereitung:

1. In einer Schüssel die Haferflocken, Backpulver, Salz und Zucker gut vermischen.

2. Das Ei hinzufügen und gut mit den trockenen Zutaten vermengen.

3. Langsam die Milch einrühren, bis ein gleichmäßiger, nicht zu flüssiger Teig entsteht. Wenn der Teig zu dick ist, etwas mehr Milch hinzufügen.

4. Eine Pfanne auf mittlere Hitze erwärmen und ein wenig Butter oder Margarine darin schmelzen lassen.

5. Für jeden Pfannkuchen eine Portion Teig in die Pfanne geben und gleichmäßig verteilen. Einige Heidelbeeren auf den Pfannkuchen streuen.

6. Den Pfannkuchen 2-3 Minuten von jeder Seite goldbraun braten, bis er fest und gut durchgegart ist.

7. Den fertigen Pfannkuchen auf einen Teller legen und mit Ahornsirup beträufeln.

8. Zum Schluss mit frischen Erdbeeren garnieren.

Hirsebrei mit Mandarinen

Zubereitungszeit: 20 Minuten
Portionen: 1 Person

Zutaten:

- 50 g Hirse, gut gewaschen
- 250 ml laktosefreie Milch oder Mandelmilch
- 1 Mandarine, geschält und in Stücke geschnitten
- 1 EL Ahornsirup
- 1 TL Kokosnuss, gerieben
- Eine Prise Salz
- Einige frische Minzblätter zur Dekoration, optional
- Einige Himbeeren zur Dekoration, optional

Zubereitung:

1. In einem Topf die Milch erhitzen, bis sie fast kocht.
2. Die gewaschene Hirse und eine Prise Salz hinzufügen und gut umrühren.
3. Die Hitze reduzieren und den Brei 10-15 Minuten köcheln lassen, bis die Hirse weich ist und die gesamte Flüssigkeit aufgenommen hat. Gelegentlich umrühren, um sicherzustellen, dass nichts anbrennt.
4. Während die Hirse kocht, kannst du die Mandarine schälen und in kleine Stücke schneiden.
5. Wenn die Hirse fertig gekocht ist, vom Herd nehmen und Ahornsirup und geriebene Kokosnuss unterrühren.
6. Den Hirsebrei in eine Schüssel geben, mit Mandarinenstücken garnieren und nach Wunsch mit frischen Himbeeren und Minzblättern dekorieren. Guten Appetit.

Bananen-Hafer-Kekse

Zubereitungszeit: 20 Minuten
Portionen: 1 Person

Zutaten:

- 1 unreife Banane, zerdrückt
- 40 g Haferflocken
- 1 EL Kokosmilch
- 1 TL Ahornsirup
- 1 Prise Salz
- 1/2 TL Backpulver
- 1 TL Vanilleextrakt
- Einige gehackte Erdbeeren, zum Garnieren

Zubereitung:

1. Heize deinen Ofen auf 180 Grad vor. Lege ein Backblech mit Backpapier aus.

2. In einer Schüssel die zerdrückte unreife Banane, Haferflocken, Kokosmilch, Ahornsirup, Salz, Backpulver und Vanilleextrakt miteinander vermischen.

3. Forme aus dem Teig 5 gleichmäßige Kekse und lege sie auf das vorbereitete Backblech.

4. Garniere die Kekse mit den gehackten Erdbeeren, indem du sie leicht in den Teig drückst.

5. Backe die Kekse für 10 bis 12 Minuten oder bis sie fest und leicht goldbraun sind.

6. Nimm die Kekse aus dem Ofen und lass sie auf dem Blech auskühlen. Sie werden beim Abkühlen noch etwas fester. Guten Appetit.

Suppen

Karotten-Ingwer-Suppe

Zubereitungszeit: 30 Minuten
Portionen: 1 Person

Zutaten:

- 3 Karotten, gewaschen und in Scheiben geschnitten
- 1 cm frischer Ingwer, fein gehackt
- 1 EL natives Olivenöl extra
- 200 ml laktosefreie Milch
- 1 EL Ahornsirup
- 1 Prise Salz
- 1 Prise Pfeffer
- Einige Blätter Petersilie, fein gehackt
- 1 EL Schnittlauch, fein gehackt
- 1 EL Kürbiskerne zum Garnieren

Zubereitung:

1. In einem mittelgroßen Topf das Olivenöl erhitzen und die Karottenscheiben zusammen mit dem fein gehackten Ingwer darin für etwa 5 Minuten anbraten, bis die Karotten weich sind.

2. Die laktosefreie Milch hinzufügen und zum Kochen bringen. Dann den Ahornsirup, Salz und Pfeffer einrühren und alles zusammen für weitere 10 Minuten auf mittlerer Hitze köcheln lassen.

3. Mit einem Pürierstab oder in einem Mixer die Suppe pürieren, bis sie glatt und cremig ist. Sollte die Konsistenz zu dick sein, kannst du noch ein wenig Wasser hinzufügen.

4. Die Suppe in eine Schüssel geben, mit Petersilie, Schnittlauch und Kürbiskernen garnieren und servieren.

Spinat-Püreesuppe mit Grünkohl

Zubereitungszeit: 20 Minuten
Portionen: 1 Person

Zutaten:

- 100 g frischer Spinat, gewaschen und grob gehackt
- 50 g Grünkohl, gewaschen, Mittelrippe entfernt und grob gehackt
- 1 kleine Kartoffel, geschält und gewürfelt
- 1/2 Zucchini, gewürfelt
- 2 EL natives Olivenöl extra
- 300 ml laktosefreie Milch
- 1 TL Schnittlauch, fein gehackt
- Salz und Pfeffer nach Geschmack
- 1 EL Petersilie, fein gehackt, zum Garnieren
- 1 EL Kürbiskerne, optional zum Garnieren

Zubereitung:

1. In einem Topf das Olivenöl erhitzen. Kartoffel- und Zucchiniwürfel darin für ca. 5 Minuten andünsten, bis sie leicht goldbraun sind.

2. Spinat und Grünkohl hinzufügen und für weitere 2 Minuten dünsten, bis der Spinat welk ist.

3. Mit der laktosefreien Milch ablöschen und zum Kochen bringen.

4. Die Suppe auf kleiner Flamme für etwa 10 Minuten köcheln lassen, bis die Kartoffelstücke weich sind.

5. Vom Herd nehmen und mit einem Stabmixer oder in einem Standmixer pürieren, bis die Suppe cremig und klumpenfrei ist.

6. Mit Salz und Pfeffer abschmecken und den gehackten Schnittlauch unterrühren.

7. In eine Schüssel gießen, mit Petersilie und optional mit Kürbiskernen garnieren.

Kürbissuppe

Zubereitungszeit: 30 Minuten
Portionen: 1 Person

Zutaten:

- 200 g Hokkaido Kürbis, gewürfelt
- 200 ml Kokosmilch
- 1 EL natives Olivenöl extra
- 50 g Karotten, gewürfelt
- 2 cm Ingwer, fein gehackt
- 200 ml laktosefreie Milch oder Mandelmilch
- 1 TL Salz
- 1/2 TL Pfeffer
- 1 TL frischer Schnittlauch, fein geschnitten
- 1 TL Petersilie, fein gehackt
- 1 TL Bio- Limettensaft

Zubereitung:

1. In einem Topf das Olivenöl erhitzen. Kürbis, Karotten und Ingwer hinzufügen und etwa 5 Minuten unter ständigem Rühren anbraten.

2. Nachdem die Gemüsemischung leicht angebraten ist, die Kokosmilch und laktosefreie Milch (oder Mandelmilch) hinzugeben. Das Ganze zum Kochen bringen.

3. Die Hitze reduzieren und die Suppe für etwa 20 Minuten köcheln lassen, bis der Kürbis und die Karotten weich sind.

4. Mit einem Stabmixer oder in einem Standmixer die Suppe pürieren, bis sie eine cremige Konsistenz hat.

5. Mit Salz und Pfeffer abschmecken. Den Limettensaft hinzufügen und gut umrühren.

6. Die Suppe in eine Schüssel geben und mit frischem Schnittlauch und Petersilie garnieren. Guten Appetit.

Tomatensuppe mit Basilikum

Zubereitungszeit: 20 Minuten
Portionen: 1 Person

Zutaten:

- 3 Tomaten, gewaschen und gewürfelt
- 1 Karotte, geschält und gewürfelt
- 1 kleine Zucchini, gewaschen und gewürfelt
- 2 EL Basilikum, frisch und fein gehackt
- 1 EL natives Olivenöl extra
- 250 ml laktosefreie Milch oder Mandelmilch
- 1/2 TL Salz
- 1/4 TL Pfeffer
- 1/2 TL Oregano
- 1/2 TL Paprikapulver
- 1 TL Ahornsirup
- Ein Stück frischer Ingwer, ca. 2 cm, fein gerieben

Zubereitung:

1. Erhitze das Olivenöl in einem Topf. Gib die gewürfelte Karotte und Zucchini hinein und brate sie für ca. 3 Minuten an, bis sie leicht angebräunt sind.

2. Füge die Tomatenwürfel hinzu und lasse alles für weitere 5 Minuten köcheln.

3. Gieße die laktosefreie Milch oder Mandelmilch dazu und bringe die Suppe zum Kochen. Reduziere dann die Hitze und lass sie für ca. 10 Minuten auf niedriger Stufe köcheln.

4. Füge den frischen Basilikum, Salz, Pfeffer, Oregano, Paprikapulver, Ahornsirup und den frisch geriebenen Ingwer hinzu. Rühre gut um und lass die Suppe nochmals für 2 Minuten ziehen.

5. Püriere die Suppe mit einem Stabmixer, bis sie eine cremige Konsistenz hat. Falls die Suppe zu dickflüssig ist, kannst du etwas Wasser hinzufügen, um die gewünschte Konsistenz zu erreichen.

6. Schmecke die Suppe ab und serviere sie. Garniere nach Belieben mit ein paar Basilikumblättern und einem Spritzer Olivenöl.

Rucola-Suppe mit Kartoffeln

Zubereitungszeit: 25 Minuten
Portionen: 1 Person

Zutaten:

- 150 g Rucola, gewaschen und grob gehackt
- 2 mittelgroße Kartoffeln, geschält und in Würfel geschnitten
- 1 EL natives Olivenöl extra
- 1 laktosefreier Joghurt
- 250 ml laktosefreie Milch
- 2 EL Frischkäse, laktosefrei
- Salz und Pfeffer nach Geschmack
- 1 TL frischer Schnittlauch, fein gehackt
- 1 TL Petersilie, fein gehackt
- 1/2 TL Ingwer, fein gehackt
- 1/4 Bio-Zitrone, Saft

Zubereitung:

1. In einem Topf das Olivenöl erhitzen. Die Kartoffelwürfel darin etwa 5 Minuten anbraten, bis sie leicht goldbraun sind.

2. Mit 500 ml Wasser ablöschen und die Kartoffelwürfel darin weich kochen.

3. Wenn die Kartoffeln weich sind, den Topf vom Herd nehmen. Den Rucola, laktosefreien Joghurt, laktosefreie Milch und Frischkäse hinzufügen.

4. Mit einem Stabmixer pürieren, bis die Suppe eine gleichmäßige und cremige Konsistenz hat.

5. Die Suppe wieder auf den Herd stellen und auf mittlerer Hitze erwärmen. Mit Salz, Pfeffer, Ingwer und Zitronensaft abschmecken.

6. Zum Schluss mit Schnittlauch und Petersilie bestreuen.

Pastinakensuppe

Zubereitungszeit: 30 Minuten
Portionen: 1 Person

Zutaten:

- 200 g Pastinaken, geschält und in Würfel geschnitten
- 1 EL natives Olivenöl extra
- 1/2 Bio-Zitrone, Saft und Abrieb
- 500 ml laktosefreie Milch
- 1 TL frischer Majoran, fein gehackt (zusätzlich ein wenig zur Garnierung)
- Salz und Pfeffer, nach Geschmack
- 1 EL Kürbiskerne, zur Dekoration
- 1 TL Petersilie, fein gehackt, zur Dekoration

Zubereitung:

1. In einem mittelgroßen Topf das Olivenöl erhitzen. Die Pastinakenwürfel darin etwa 5 Minuten anbraten, bis sie leicht goldbraun sind.

2. Mit der laktosefreien Milch aufgießen und zum Kochen bringen. Sobald es kocht, die Hitze reduzieren und 20 Minuten köcheln lassen, bis die Pastinaken weich sind.

3. Vom Herd nehmen und mit einem Stabmixer pürieren, bis eine glatte Suppe entsteht. Sollte die Suppe zu dickflüssig sein, kann man etwas mehr Milch hinzufügen, bis die gewünschte Konsistenz erreicht ist.

4. Den Saft und den Abrieb der Zitrone hinzufügen und gut umrühren. Mit Salz und Pfeffer abschmecken.

5. Nun den Majoran unterrühren.

6. Die Suppe in eine Schale füllen und mit Kürbiskernen, etwas fein gehacktem Majoran und Petersilie garnieren.

Zucchinisuppe mit Petersilie

Zubereitungszeit: 25 Minuten
Portionen: 1 Person

Zutaten:

- 1 mittelgroße Zucchini, gewaschen und in Würfel geschnitten
- 1 kleine Karotte, geschält und gewürfelt
- 1 EL natives Olivenöl extra
- 1 kleine Kartoffel, geschält und gewürfelt
- 250 ml laktosefreie Milch
- 1 EL gehackte Petersilie
- Salz und Pfeffer nach Geschmack
- 1 TL frischer Ingwer, gerieben
- 1 EL Kürbiskerne zur Dekoration

Zubereitung:

1. Erhitze das Olivenöl in einem Topf. Sobald es heiß ist, gib die Zucchini-, Karotten- und Kartoffelwürfel hinein. Lass sie für ca. 5 Minuten anbraten, bis sie leicht gebräunt sind.

2. Füge den geriebenen Ingwer hinzu und brate ihn kurz mit den Gemüsewürfeln an.

3. Gieße die laktosefreie Milch über das Gemüse und lass die Mischung zum Kochen kommen.

4. Reduziere die Hitze und lass die Suppe 15-20 Minuten köcheln, bis das Gemüse weich ist.

5. Nutze einen Stabmixer, um die Suppe direkt im Topf zu pürieren, bis sie eine cremige Konsistenz hat. Du kannst auch einen Standmixer verwenden, aber achte darauf, die Suppe vorher etwas abkühlen zu lassen.

6. Würze die Suppe mit Salz und Pfeffer und rühre die gehackte Petersilie unter.

7. Zum Schluss garniere die Suppe mit einigen Kürbiskernen. Fertig.

Minestrone mit glutenfreien Nudeln

Zubereitungszeit: 25 Minuten
Portionen: 1 Person

Zutaten:

- 50 g glutenfreie Nudeln
- 1 EL natives Olivenöl extra
- 50 g Karotten, gewürfelt
- 50 g Zucchini, gewürfelt
- 2 EL Tomaten, gewürfelt
- 30 g Spinat, gewaschen und grob gehackt
- 1 EL Schnittlauch, fein gehackt
- 1 TL frischer Ingwer, fein gehackt
- 500 ml laktosefreie Milch oder Mandelmilch
- 1 EL Parmesan, gerieben
- 1 TL Petersilie, fein gehackt
- Salz und Pfeffer nach Geschmack

Zubereitung:

1. Erhitze das Olivenöl in einem mittelgroßen Topf über mittlerer Hitze. Füge die gewürfelten Karotten und Zucchini hinzu und brate sie für etwa 5 Minuten an, bis sie weich werden.

2. Gib den fein gehackten Ingwer und den Schnittlauch in den Topf und brate das Ganze weitere 2 Minuten an.

3. Füge nun die gewürfelten Tomaten hinzu und lass alles für weitere 3 Minuten köcheln.

4. Gib die glutenfreien Nudeln hinzu und rühre gut um.

5. Gieße die laktosefreie Milch oder Mandelmilch hinzu und lass die Suppe für 10-12 Minuten auf kleiner Flamme köcheln, bis die Nudeln al dente sind.

6. Gib den Spinat zur Suppe und rühre um, bis er welk wird.

7. Nimm den Topf vom Herd, füge den geriebenen Parmesan hinzu und rühre bis er geschmolzen ist.

8. Mit Salz und Pfeffer abschmecken und mit fein gehackter Petersilie bestreuen.

Fenchel-Kartoffel-Suppe

Zubereitungszeit: 25 Minuten
Portionen: 1 Person

Zutaten:

- 1 kleiner Fenchel, gewaschen und in Würfel geschnitten
- 2 mittelgroße Kartoffeln, geschält und in Würfel geschnitten
- 2 EL natives Olivenöl extra
- 250 ml laktosefreie Milch
- 500 ml Wasser
- 1 TL Salz
- 1/2 TL Pfeffer
- 1 EL gehackte Petersilie
- 1 TL Zitronengras, fein gehackt
- 1 EL Kokosnuss, geraspelt

Zubereitung:

1. In einem mittelgroßen Topf das Olivenöl erhitzen. Die Fenchel- und Kartoffelwürfel hinzufügen und für etwa 5 Minuten anbraten, bis sie leicht goldbraun sind.

2. Wasser in den Topf geben und zum Kochen bringen. Den Topfinhalt auf mittlerer Hitze für etwa 15 Minuten köcheln lassen, oder bis die Kartoffeln weich sind.

3. Das Zitronengras und die Kokosraspeln hinzufügen und weitere 2 Minuten köcheln lassen.

4. Die Suppe vom Herd nehmen und mit einem Stabmixer oder in einem Standmixer pürieren, bis sie eine glatte Konsistenz hat.

5. Die laktosefreie Milch in die pürierte Suppe rühren und auf mittlerer Hitze erwärmen. Mit Salz und Pfeffer abschmecken.

6. Zum Schluss mit gehackter Petersilie bestreuen. Guten Appetit.

Melanzani-Suppe

Zubereitungszeit: 25 Minuten
Portionen: 1 Person

Zutaten:

- 1 Aubergine (Melanzani), gewaschen und gewürfelt
- 2 TL natives Olivenöl extra
- 1 Karotte, gewaschen und gewürfelt
- 1 Kartoffel, gewaschen und gewürfelt
- 1 TL frischer Thymian, fein gehackt
- 750 ml laktosefreie Milch oder Mandelmilch
- Salz und Pfeffer zum Abschmecken
- 1 TL Petersilie, fein gehackt, zur Garnierung

Zubereitung:

1. Erhitze das Olivenöl in einem mittelgroßen Topf über mittlerer Hitze. Füge die Aubergine -Würfel hinzu und brate sie an, bis sie leicht goldbraun sind.

2. Gib die Karotten- und Kartoffelwürfel hinzu und brate sie weitere 5 Minuten mit an, bis sie leicht weich werden.

3. Streue den fein gehackten Thymian über das Gemüse und gieße die laktosefreie Milch oder Mandelmilch dazu. Lass die Suppe zum Kochen kommen und reduziere dann die Hitze, um sie sanft köcheln zu lassen.

4. Lass die Suppe etwa 15 Minuten köcheln oder bis das Gemüse vollständig weich ist.

5. Nutze einen Stabmixer oder einen Mixer, um die Suppe zu pürieren, bis sie eine glatte Konsistenz hat. Falls die Suppe zu dickflüssig ist, kannst du noch etwas Milch hinzufügen, um die gewünschte Konsistenz zu erreichen.

6. Würze die Suppe mit Salz und Pfeffer nach Geschmack.

7. Zum Schluss mit der fein gehackten Petersilie garnieren.

Linsensuppe

Zubereitungszeit: 25 Minuten
Portionen: 1 Person

Zutaten:

- 150 g Linsen aus der Dose, abgetropft und abgespült
- 200 ml laktosefreie Milch
- 1/2 Avocado, gewürfelt
- 2 TL natives Olivenöl extra
- 50 g Karotten, gewürfelt
- 50 g Zucchini, gewürfelt
- 1/2 Paprika (rot oder gelb), gewürfelt
- 1 TL frisch gehackter Ingwer
- 1 EL gehackte Petersilie
- 1/2 TL Salz
- 1/2 TL Pfeffer
- 1/2 TL Paprikapulver
- 2 EL gehackter Schnittlauch

Zubereitung:

1. Erhitze in einem Topf das Olivenöl auf mittlerer Stufe.
2. Füge die gewürfelten Karotten und Zucchini hinzu und dünste sie etwa 3 Minuten lang, bis sie leicht weich werden.
3. Gib den frisch gehackten Ingwer und die Paprika dazu und brate alles weitere 2 Minuten lang.
4. Die Linsen, Salz, Pfeffer und Paprikapulver hinzufügen und gut umrühren.
5. Jetzt gieß die laktosefreie Milch darüber und lass die Suppe bei reduzierter Hitze etwa 10 Minuten köcheln.
6. Wenn die Gemüsestücke zart sind, füge die Avocado und die Petersilie hinzu und köchele für weitere 2 Minuten.
7. Probiere die Suppe und würze sie nach Belieben nach.
8. Gieße die Suppe in eine Schüssel und garniere sie mit dem gehackten Schnittlauch.

Gelbe Paprika-Cremesuppe

Zubereitungszeit: 25 Minuten
Portionen: 1 Person

Zutaten:

- 1 gelbe Paprika, gewaschen und entkernt
- 1 Karotte, geschält und in kleine Stücke geschnitten
- 2 TL natives Olivenöl extra
- 250 ml laktosefreie Milch
- 1/4 TL Salz
- Eine Prise Pfeffer
- 1 TL gehackter Schnittlauch
- 1 EL frisch gepresster Bio-Orangensaft
- 1 TL frischer Ingwer, fein gehackt

Zubereitung:

1. Erhitze das Olivenöl in einem mittelgroßen Topf über mittlerer Hitze. Gib die Paprika und Karotten hinzu und brate sie etwa 5 Minuten lang an, bis sie weich sind.
2. Füge den Ingwer hinzu und brate ihn noch 2 Minuten mit.
3. Füge die laktosefreie Milch, Salz und Pfeffer hinzu und lasse die Suppe aufkochen.
4. Reduziere die Hitze und lasse die Suppe 10 Minuten köcheln.
5. Nimm den Topf vom Herd und püriere die Suppe mit einem Stabmixer, bis sie cremig und glatt ist.
6. Gib den Orangensaft hinzu und rühre gut um.
7. Garniere die Suppe mit dem gehackten Schnittlauch.

Brokkoli-Cremesuppe

Zubereitungszeit: 25 Minuten
Portionen: 1 Person

Zutaten:

- 200 g Brokkoli, in kleine Röschen geschnitten
- 200 ml Mandelmilch
- 100 ml Wasser
- 2 EL natives Olivenöl extra
- 50 g Kartoffeln, geschält und gewürfelt
- 1 EL Schnittlauch, fein gehackt
- 1 EL Petersilie, fein gehackt
- Salz und Pfeffer nach Geschmack
- 1 TL frischer Ingwer, gerieben
- 1 TL Bio-Limettensaft

Zubereitung:

1. In einem mittelgroßen Topf das Olivenöl erhitzen. Die Kartoffelwürfel hinzufügen und einige Minuten anbraten, bis sie leicht goldbraun sind.

2. Die Brokkoliröschen und den geriebenen Ingwer hinzugeben und weitere 2-3 Minuten sautieren.

3. Mandelmilch und Wasser hinzugießen und die Suppe zum Kochen bringen. Anschließend die Hitze reduzieren und die Suppe 15 Minuten leicht köcheln lassen, bis der Brokkoli und die Kartoffeln weich sind.

4. Mit einem Stabmixer oder in einem Standmixer die Suppe pürieren, bis sie eine cremige Konsistenz hat.

5. Die Suppe zurück in den Topf geben und auf niedriger Stufe erhitzen. Den Limettensaft einrühren und mit Salz und Pfeffer abschmecken.

6. In eine Suppenschüssel geben und mit Schnittlauch und Petersilie bestreuen. Guten Appetit!

Erbsen-Minz-Suppe

Zubereitungszeit: 20 Minuten
Portionen: 1 Person

Zutaten:

- 150 g Erbsen, frisch oder tiefgekühlt
- 1 kleine Karotte, gewürfelt
- 1 kleines Stück Ingwer, fein gehackt
- 2 EL frische Minze, fein gehackt
- 250 ml laktosefreie Milch
- 1 TL natives Olivenöl extra
- Salz und Pfeffer nach Geschmack
- 1 TL frischer Bio-Zitronensaft
- 1 EL Schnittlauch, fein gehackt (zum Garnieren)

Zubereitung:

1. Du beginnst, indem du das Olivenöl in einem mittelgroßen Topf erhitzt. Gib dann den Ingwer und die gewürfelte Karotte hinzu und dünste beides für etwa 3 Minuten an, bis die Karotte weich wird.

2. Füge die Erbsen hinzu und rühre gut um. Lass das Ganze für weitere 5 Minuten köcheln.

3. Gieße nun die laktosefreie Milch hinzu und bringe die Mischung zum Kochen. Reduziere die Hitze und lass die Suppe für etwa 10 Minuten köcheln, bis alle Zutaten weich sind.

4. Nimm den Topf vom Herd und gib die Minze und den Zitronensaft hinzu. Verwende einen Stabmixer oder einen Standmixer, um die Suppe zu pürieren, bis sie ganz glatt ist.

5. Schmecke die Suppe mit Salz und Pfeffer ab. Zum Schluss streust du den fein gehackten Schnittlauch darüber. Fertig.

Süßkartoffelsuppe mit Koriander

Zubereitungszeit: 25 Minuten
Portionen: 1 Person

Zutaten:

- 200 g Süßkartoffeln, geschält und gewürfelt
- 1 TL natives Olivenöl extra
- 1/4 TL frisch geriebener Ingwer
- 400 ml laktosefreie Milch
- 1 EL gehackter Koriander
- Salz und Pfeffer zum Abschmecken
- Ein Spritzer frischer Bio-Limettensaft
- 1 EL gehackte Petersilie zum Garnieren

Zubereitung:

1. Erhitze das Olivenöl in einem Topf über mittlerer Flamme. Füge die Süßkartoffelwürfel hinzu und brate sie leicht an, bis sie goldbraun sind.

2. Gib den frisch geriebenen Ingwer zu den Süßkartoffeln und rühre alles gut durch.

3. Schütte die laktosefreie Milch dazu und erhöhe die Hitze, bis die Mischung zum Kochen kommt. Reduziere dann die Flamme und lass die Suppe 15 Minuten köcheln, bis die Süßkartoffeln weich sind.

4. Wenn die Süßkartoffeln gar sind, nimm den Topf vom Herd und püriere die Suppe mit einem Stabmixer, bis sie eine gleichmäßige und cremige Konsistenz hat.

5. Füge den gehackten Koriander hinzu, würze die Suppe mit Salz, Pfeffer und einem Spritzer Limettensaft und rühre alles gut durch.

6. Fülle die Suppe in eine Schüssel und garniere sie mit der gehackten Petersilie.

Salate

Salat mit Maracuja-Dressing

Zubereitungszeit: 15 Minuten
Portionen: 1 Person

Zutaten:

- 80 g Rucola Salat, gewaschen
- 1 kleine Karotte, fein geraspelt
- 50 g Ananas, in kleine Würfel geschnitten
- 1 unreife Banane, in dünne Scheiben geschnitten
- 2 Maracujas, ausgehöhlt
- 3 EL natives Olivenöl extra
- 1 EL frisch gepresster Bio-Orangensaft
- 1 EL Reismilch
- Salz und Pfeffer zum Abschmecken
- 1 EL Kürbiskerne, geröstet

Zubereitung:

1. Zuerst bereitest du das Maracuja-Dressing zu. Halbiere die Maracujas und kratze das Fruchtfleisch heraus. Gib es in eine kleine Schüssel.

2. Füge das Olivenöl, den Orangensaft und die Reismilch zum Maracuja-Fruchtfleisch hinzu. Rühre alles gut um, bis sich die Zutaten gut verbunden haben. Schmecke das Dressing mit Salz und Pfeffer ab.

3. In einer größeren Schüssel vermischst du den Rucola, die geraspelte Karotte, die Ananaswürfel und die Bananenscheiben.

4. Gieße das Maracuja-Dressing über den Salat und mische alles vorsichtig durch, sodass der Salat gleichmäßig mit dem Dressing bedeckt ist.

5. Zum Schluss streust du die gerösteten Kürbiskerne darüber.

Spinat-Orangensalat

Zubereitungszeit: 15 Minuten
Portionen: 1 Person

Zutaten:

- 100 g frischer Spinat, gewaschen und grob gehackt
- 1 mittelgroße Bio-Orange, geschält und in Stücke geschnitten
- 30 g Feta, zerbröckelt
- 30 g Erdbeeren, gewaschen und halbiert
- 20 g Kürbiskerne
- 1 EL natives Olivenöl extra
- 1 TL frisch gepresster Bio-Orangensaft
- 1 TL Bio-Zitronensaft
- Salz und Pfeffer, nach Geschmack

Zubereitung:

1. In einer Salatschüssel den Spinat, die Orangenstücke, die halbierten Erdbeeren und den zerbröckelten Feta geben.

2. In einer kleinen Schüssel das Olivenöl mit dem Orangen- und Zitronensaft mischen. Mit Salz und Pfeffer abschmecken.

3. Das Dressing über den Salat gießen und gut vermengen.

4. Den Salat mit Kürbiskernen bestreuen und servieren.

Quinoasalat

Zubereitungszeit: 20 Minuten
Portionen: 1 Person

Zutaten:

- 50 g Quinoa
- 1 Bio-Limette, Saft und Abrieb
- 1/2 reife Avocado, gewürfelt
- 5-7 Erdbeeren, gewürfelt
- 5-6 Trauben, halbiert
- 2 EL gehackte Petersilie
- 1 EL natives Olivenöl extra
- Salz und Pfeffer zum Abschmecken
- 1 TL frischer Ingwer, fein gerieben
- 1 EL Kürbiskerne

Zubereitung:

1. Den Quinoa nach Packungsanweisung kochen. Nachdem er gekocht ist, gut abtropfen lassen und zur Seite stellen, um etwas abzukühlen.

2. Während der Quinoa abkühlt, die Avocado halbieren und das Fruchtfleisch in Würfel schneiden. Die Erdbeeren und Trauben ebenfalls waschen und zurechtschneiden.

3. In einer großen Schüssel den Quinoa, die gewürfelte Avocado, Erdbeeren, Trauben und die gehackte Petersilie vermengen.

4. Den Saft und den Abrieb der Limette, Olivenöl und den frisch geriebenen Ingwer hinzufügen. Alles gut miteinander vermengen.

5. Mit Salz und Pfeffer abschmecken und den Salat auf einen Teller geben. Zum Schluss mit Kürbiskernen garnieren.

Rucola mit Erdbeeren und Balsamico

Zubereitungszeit: 10 Minuten
Portionen: 1 Person

Zutaten:

- 50 g frischer Rucola Salat, gewaschen und getrocknet
- 80 g Erdbeeren, gewaschen und geviertelt
- 10 g Parmesan, frisch gerieben
- 2 EL Balsamico-Essig
- 1 EL natives Olivenöl extra
- 1 TL Ahornsirup
- Eine Prise Salz
- Eine Prise frisch gemahlener schwarzer Pfeffer
- 1 TL frische Petersilie, fein gehackt
- 1 EL Kürbiskerne

Zubereitung:

1. In einer kleinen Schüssel den Balsamico-Essig, Olivenöl, Ahornsirup, Salz und Pfeffer gut vermengen, um ein Dressing zu erhalten. Bei Bedarf abschmecken und beiseite stellen.

2. Den Rucola Salat auf einem Teller anrichten und die geviertelten Erdbeeren darauf verteilen.

3. Die Kürbiskerne in einer kleinen Pfanne ohne Fett rösten, bis sie leicht goldbraun sind. Sie sollten dabei regelmäßig gewendet werden, um ein Anbrennen zu verhindern.

4. Die gerösteten Kürbiskerne und den frisch geriebenen Parmesan über den Rucola und die Erdbeeren streuen.

5. Das Dressing gleichmäßig über den Salat träufeln und mit der gehackten Petersilie garnieren. Guten Appetit.

Gurken-Karotten-Salat

Zubereitungszeit: 15 Minuten
Portionen: 1 Person

Zutaten:

- 1 Gurke, gewaschen und in dünne Scheiben geschnitten
- 2 Karotten, geschält und in dünne Streifen oder Scheiben geschnitten
- 1 EL natives Olivenöl extra
- Saft von 1 Bio-Zitrone
- Eine Prise Salz und Pfeffer
- 1 EL Petersilie, fein gehackt
- 1 EL Schnittlauch, fein geschnitten
- 1 TL Ahornsirup
- 50 g Alfalfa oder Bohnensprossen, gewaschen
- 1 EL Kürbiskerne, für einen knusprigen Biss
- 3 EL Hartkäse, grob gerieben (z.B. Cheddar oder Parmesan)

Zubereitung:

1. In einer großen Schüssel Gurken- und Karottenscheiben/streifen vermengen.

2. In einer separaten kleinen Schüssel Olivenöl, Zitronensaft, Ahornsirup, Salz und Pfeffer verquirlen, bis alles gut vermischt ist.

3. Das Dressing über die Gurken und Karotten gießen und gut vermischen, sodass alles schön bedeckt ist.

4. Alfalfa oder Bohnensprossen, Kürbiskerne und den geriebenen Hartkäse über den Salat streuen.

5. Mit Petersilie und Schnittlauch bestreuen. Guten Appetit.

Thunfischsalat mit grünen Bohnen

Zubereitungszeit: 20 Minuten
Portionen: 1 Person

Zutaten:

- 150 g Thunfisch (aus der Dose im eigenen Saft)
- 100 g grüne Bohnen, gewaschen und in mundgerechte Stücke geschnitten
- 10 Tomaten, halbiert
- 2 EL Oliven, entsteint
- 1 unreife Banane, in Scheiben geschnitten
- 1 EL Petersilie, gehackt
- 1 EL Schnittlauch, fein geschnitten
- 1 EL natives Olivenöl extra
- 1 EL Zitronensaft von einer Bio-Zitrone
- Salz und Pfeffer zum Würzen

Zubereitung:

1. Setze einen Topf mit Wasser auf und bringe es zum Kochen. Gib die grünen Bohnen hinzu und koche sie für etwa 5 Minuten, bis sie weich, aber noch bissfest sind. Gieße sie ab und spüle sie mit kaltem Wasser ab, um den Garvorgang zu stoppen.

2. In einer großen Schüssel Thunfisch, Tomaten, Oliven und Bananenscheiben vermengen.

3. In einer kleinen Schale Olivenöl, Zitronensaft, Petersilie und Schnittlauch vermischen. Mit Salz und Pfeffer abschmecken.

4. Das Dressing über den Salat gießen und alles gut vermengen, sodass alle Zutaten mit dem Dressing bedeckt sind.

5. Zum Schluss den Salat auf einem Teller anrichten.

Italienischer Salat mit Mozzarella und Tomaten

Zubereitungszeit: 20 Minuten
Portionen: 1 Person

Zutaten:

- 1 Handvoll Rucola Salat, gewaschen und getrocknet
- 5 Cherry-Tomaten, halbiert
- 50 g laktosefreier Mozzarella, gewürfelt
- 3 EL Austernpilze, in Scheiben geschnitten
- 5 grüne Oliven, entkernt und halbiert
- 1 EL Petersilie, fein gehackt
- 1 Bio-Zitrone, den Saft davon
- 2 EL natives Olivenöl extra
- Salz und Pfeffer nach Geschmack

Zubereitung:

1. In einer Pfanne einen Teelöffel Olivenöl erhitzen. Die geschnittenen Austernpilze darin anbraten, bis sie goldbraun sind. Beiseite stellen und abkühlen lassen.

2. In einer großen Schüssel den Rucola, die halbierten Cherry-Tomaten, den gewürfelten Mozzarella und die Oliven vermengen.

3. Für das Dressing den Zitronensaft mit dem restlichen Olivenöl, Salz und Pfeffer verquirlen, bis alles gut vermischt ist.

4. Die angebratenen Austernpilze über den Salat streuen.

5. Das Dressing gleichmäßig über den Salat gießen und alles gut vermischen.

6. Zum Schluss mit der fein gehackten Petersilie bestreuen.

Sommersalat mit Melone

Zubereitungszeit: 15 Minuten
Portionen: 1 Person

Zutaten:

- 150 g Cantaloupe-Melone, gewürfelt
- 50 g Heidelbeeren, gewaschen
- 40 g Alfalfa, gewaschen
- 30 g Rucola Salat, gewaschen und grob gehackt
- 1 EL Petersilie, fein gehackt
- 1 EL Schnittlauch, fein gehackt
- 50 g Feta, gewürfelt
- 2 EL natives Olivenöl extra
- Saft einer Bio-Zitrone
- Salz und Pfeffer nach Geschmack

Zubereitung:

1. In einer großen Schüssel die gewürfelte Cantaloupe-Melone mit den Heidelbeeren vermengen.

2. Den Rucola Salat und Alfalfa hinzufügen und vorsichtig unterheben.

3. In einer kleinen Schüssel Olivenöl, den Saft der Bio-Zitrone, Salz und Pfeffer vermengen, um ein Dressing herzustellen.

4. Das Dressing über den Salat gießen und vorsichtig mischen, bis alles gut vermengt ist.

5. Feta, Petersilie und Schnittlauch über den Salat streuen.

6. Alles noch einmal vorsichtig durchmischen und in einer Schale oder einem tiefen Teller servieren.

Grüner Bohnensalat

Zubereitungszeit: 15 Minuten
Portionen: 1 Person

Zutaten:

- 150 g grüne Bohnen, gewaschen und Enden entfernt
- 1 kleine Karotte, gewaschen und in dünne Scheiben geschnitten
- 10 g frische Petersilie, gewaschen und fein gehackt
- 5 g frischer Schnittlauch, gewaschen und fein gehackt
- 1 EL natives Olivenöl extra
- 1 EL Weißweinessig
- Salz und Pfeffer nach Geschmack
- 1 EL Kürbiskerne
- 2 EL Feta, gewürfelt

Zubereitung:

1. Einen Topf mit Wasser zum Kochen bringen. Die grünen Bohnen hinzugeben und für etwa 4-5 Minuten blanchieren, bis sie gerade zart sind. Dann sofort in kaltem Wasser abschrecken, um den Kochvorgang zu stoppen.

2. Die Bohnen in eine Salatschüssel geben und mit den Karottenscheiben, der Petersilie und dem Schnittlauch mischen.

3. In einer kleinen Schale Olivenöl, Weißweinessig, Salz und Pfeffer vermischen, um das Dressing zu kreieren.

4. Das Dressing über den Salat geben und alles gut vermischen.

5. Zum Schluss den Salat mit Kürbiskernen und Feta bestreuen.

Kartoffelsalat mit Schnittlauch

Zubereitungszeit: 20 Minuten
Portionen: 1 Person

Zutaten:

- 200 g Kartoffeln, gewaschen und in Würfel geschnitten
- 2 EL natives Olivenöl extra
- 1 EL Balsamico-Essig
- 1 TL Senf
- 1 TL Ahornsirup
- 1 Handvoll Schnittlauch, fein gehackt
- 50 g Rucola Salat, gewaschen und grob gehackt
- 1 EL Kürbiskerne, leicht geröstet
- Salz und Pfeffer nach Geschmack

Zubereitung:

1. Die Kartoffelwürfel in einem Topf mit Salzwasser zum Kochen bringen. Für etwa 10-15 Minuten kochen lassen, bis sie weich sind. Anschließend abgießen und kurz abkühlen lassen.

2. Während die Kartoffeln kochen, in einer kleinen Schüssel Olivenöl, Balsamico-Essig, Senf und Ahornsirup zu einem Dressing verrühren. Mit Salz und Pfeffer abschmecken.

3. Die abgekühlten Kartoffelwürfel in eine größere Schüssel geben und das Dressing darüber gießen. Alles gut vermischen.

4. Nun den Rucola Salat und den Schnittlauch hinzufügen und erneut alles gut durchmischen.

5. Den Kartoffelsalat auf einem Teller anrichten und mit den gerösteten Kürbiskernen bestreuen. Guten Appetit.

Hühnerstreifensalat mit Paprika

Zubereitungszeit: 20 Minuten
Portionen: 1 Person

Zutaten:

- 150 g Hühnerbrust, in Streifen geschnitten
- 1 mittelgroße gelbe Paprika, in feine Streifen geschnitten
- 1 mittelgroße rote Paprika, in feine Streifen geschnitten
- 50 g Rucola Salat, gewaschen
- 1 EL natives Olivenöl extra
- 1 Bio-Zitrone, Saft und Schale
- 50 g Feta, gewürfelt
- 1 TL Schnittlauch, fein gehackt
- Salz und Pfeffer nach Geschmack

Zubereitung:

1. Erhitze in einer Pfanne 1 EL Olivenöl auf mittlerer Stufe.

2. Füge die Hühnerstreifen hinzu und brate sie von beiden Seiten goldbraun an. Mit Salz und Pfeffer würzen. Vom Herd nehmen und zur Seite stellen.

3. In einer großen Schüssel vermische den Rucola Salat, die gelben und roten Paprikastreifen.

4. Gib die gebratenen Hühnerstreifen und den gewürfelten Feta zum Salat.

5. Für das Dressing vermische den Saft und die Schale der Bio-Zitrone mit dem Olivenöl, Salz, Pfeffer und dem gehackten Schnittlauch. Gut verrühren und über den Salat gießen.

6. Den Salat vorsichtig durchmischen und dann servieren. Guten Appetit!

Hauptgerichte mit Fisch

Gedämpfter Fisch mit Zitronengras

Zubereitungszeit: 25 Minuten
Portionen: 1 Person

Zutaten:

- 150 g weißfleischiger Fisch (z.B. Kabeljau, Seelachs), frisch oder tiefgekühlt
- 1 Stängel Zitronengras, fein gehackt
- 1/2 Bio-Zitrone, Saft und Schale
- 1 TL frischer Ingwer, fein gehackt
- 1 Karotte, in dünne Streifen geschnitten
- 2 EL grüne Bohnen, in kleine Stücke geschnitten
- 1 EL Koriander, frisch gehackt
- 1 EL Petersilie, frisch gehackt
- 1 EL natives Olivenöl extra
- Salz und Pfeffer nach Geschmack

Zubereitung:

1. Zunächst den Fisch unter kaltem Wasser abspülen und mit einem Küchentuch trocken tupfen.

2. In einer kleinen Schüssel Olivenöl, gehacktes Zitronengras, Ingwer, Zitronensaft und -schale vermengen. Mit Salz und Pfeffer abschmecken.

3. Die Karottenstreifen und grünen Bohnen in einem Dampfgarer oder einem Topf mit Siebeinsatz über kochendem Wasser für etwa 5 Minuten dämpfen, bis sie leicht weich, aber noch bissfest sind.

4. Den Fisch in den Dampfgarer legen und mit der Zitronengras-Mischung bestreichen. Für weitere 10-12 Minuten dämpfen, bis der Fisch gar und zart ist.

5. Den gedämpften Fisch auf einem Teller anrichten und die Karotten und grünen Bohnen daneben legen. Mit frischem Koriander und Petersilie bestreuen.

Lachs mit Petersilien-Kartoffeln

Zubereitungszeit: 25 Minuten
Portionen: 1 Person

Zutaten:

- 150 g Lachsfilet, frisch
- 2 mittelgroße Kartoffeln, gewaschen und geschält
- 1 EL natives Olivenöl extra
- 2 EL frische Petersilie, fein gehackt
- Salz und Pfeffer nach Geschmack
- 1/2 Bio-Zitrone, in Scheiben
- 1 EL Kokosmilch
- 1 TL frischer Ingwer, fein gerieben
- 1 EL Schnittlauch, fein gehackt

Zubereitung:

1. Kartoffeln in mittelgroße Stücke schneiden und in einem Topf mit Wasser und einer Prise Salz zum Kochen bringen. Wenn sie gar sind (nach etwa 10-15 Minuten), abgießen und beiseite stellen.

2. Während die Kartoffeln kochen, das Olivenöl in einer Pfanne erhitzen. Den Lachs mit Salz und Pfeffer würzen und auf der Hautseite zuerst für 3-4 Minuten anbraten, bis die Haut knusprig ist. Dann wenden und weitere 3-4 Minuten braten, bis der Lachs durchgegart ist.

3. Die abgetropften Kartoffeln zurück in den Topf geben. Die fein gehackte Petersilie, Kokosmilch und geriebenen Ingwer hinzufügen. Alles gut vermengen, bis die Kartoffeln gleichmäßig mit der Petersilienmischung überzogen sind.

4. Den Lachs auf einen Teller legen, die Petersilien-Kartoffeln daneben anrichten und mit Zitronenscheiben garnieren.

5. Zum Schluss mit Schnittlauch bestreuen und servieren.

Thunfisch-Steak mit grünem Spargel

Zubereitungszeit: 20 Minuten
Portionen: 1 Person

Zutaten:

- 1 Thunfisch-Steak (ca. 150 g)
- 5 Stangen grüner Spargel, Enden entfernt
- 1 EL natives Olivenöl extra
- 2 EL Zitronensaft von einer Bio-Zitrone
- 1 TL frischer Ingwer, fein gehackt
- 1 EL Petersilie, fein gehackt
- 1 EL Schnittlauch, in Röllchen geschnitten
- Salz und Pfeffer nach Geschmack
- 1 EL Kürbiskerne, grob gehackt

Zubereitung:

1. Den Thunfisch mit Salz und Pfeffer von beiden Seiten würzen.

2. In einer Pfanne 1/2 EL Olivenöl bei mittlerer Hitze erwärmen. Sobald das Öl heiß ist, das Thunfisch-Steak hinzufügen. Je nach Dicke und gewünschter Garstufe von jeder Seite 2-3 Minuten anbraten. Aus der Pfanne nehmen und zur Seite stellen.

3. Im selben Öl den grünen Spargel anbraten. Er sollte noch Biss haben. Das dauert in der Regel 5-7 Minuten.

4. In der Zwischenzeit in einer kleinen Schüssel Zitronensaft, restliches Olivenöl, Ingwer, Petersilie und Schnittlauch vermischen. Mit Salz und Pfeffer abschmecken.

5. Den grünen Spargel auf einen Teller legen, das Thunfisch-Steak darauf anrichten. Mit der Zitronen-Ingwer-Mischung beträufeln und zum Schluss mit den Kürbiskernen bestreuen. Lass es dir schmecken.

Fischpfanne mit Fenchel

Zubereitungszeit: 20 Minuten
Portionen: 1 Person

Zutaten:

- 150 g frischer Fisch (z.B. Lachs, Kabeljau oder Forelle), filetiert
- 1 mittelgroßer Fenchelknolle, in dünne Scheiben geschnitten
- 1 Karotte, in dünne Stifte oder Scheiben geschnitten
- 1 EL natives Olivenöl extra
- 1 Bio-Zitrone, Saft und abgeriebene Schale
- 1 Handvoll Cherrytomaten, halbiert
- 1 TL frischer Ingwer, fein gehackt
- 1 EL frische Petersilie, gehackt
- 1 Prise Paprikapulver
- Salz und Pfeffer nach Geschmack

Zubereitung:

1. In einer großen Pfanne das Olivenöl auf mittlerer Hitze erwärmen.
2. Fenchel und Karotte hinzufügen und für etwa 5 Minuten anbraten, bis sie leicht gebräunt und ein wenig weich sind.
3. Ingwer und die Fischfilets mit der Hautseite nach unten in die Pfanne geben. Für 3-4 Minuten braten, bis die Haut knusprig ist.
4. Den Fisch vorsichtig wenden und weitere 3-4 Minuten braten, bis er gar ist und leicht zerfällt.
5. Cherrytomaten, Zitronensaft und -schale hinzufügen und alles gut vermengen. Nochmals 2 Minuten köcheln lassen, bis die Tomaten leicht weich sind.
6. Mit Paprikapulver, Salz und Pfeffer würzen und anschließend die Petersilie darüberstreuen.
7. Zum Schluss die Fischpfanne auf einem Teller anrichten.

Kabeljau mit glutenfreier Kruste

Zubereitungszeit: 25 Minuten
Portionen: 1 Person

Zutaten:

- 1 Kabeljaufilet (ca. 150 g), frisch
- 3 EL glutenfreie Kekse, fein zerbröselt
- 2 EL Petersilie, fein gehackt
- 1 TL Zitronenschale von einer Bio-Zitrone, fein gerieben
- 1 TL natives Olivenöl extra
- 1 Prise Salz
- 1 Prise Pfeffer
- 2 EL Kokosmilch
- 100 g Brokkoli, in kleine Röschen geschnitten
- 1 mittelgroße Karotte, in dünne Scheiben geschnitten
- 1 TL Butter oder Margarine
- 1 EL frischer Bio-Limettensaft

Zubereitung:

1. Heize den Ofen auf 180 Grad vor.

2. Mische in einer kleinen Schüssel die zerbröselten glutenfreien Kekse, Petersilie und Zitronenschale. Gib eine Prise Salz und Pfeffer hinzu und mische alles gut durch.

3. Bestreiche das Kabeljaufilet auf einer Seite mit Kokosmilch und drücke die Keks-Petersilie-Mischung darauf, sodass eine gleichmäßige Kruste entsteht.

4. Setze den Kabeljau in eine ofenfeste Form und beträufele ihn mit Olivenöl.

5. Im vorgeheizten Ofen etwa 15 Minuten backen oder bis der Fisch leicht zerteilbar und die Kruste goldbraun ist.

6. Während der Fisch im Ofen ist, Brokkoli und Karottenscheiben in einer Pfanne mit Butter oder Margarine kurz anbraten. Mit Limettensaft, Salz und Pfeffer abschmecken und bis zur gewünschten Garstufe dünsten.

7. Den fertigen Kabeljau auf einem Teller servieren und mit dem Brokkoli und den Karottenscheiben garnieren. Guten Appetit.

Makrele mit Tomatensalsa

Zubereitungszeit: 25 Minuten
Portionen: 1 Person

Zutaten:

- 1 Makrele (ca. 200 g), ausgenommen und filetiert
- 2 Tomaten, gewürfelt
- 1 EL frischer Schnittlauch, gehackt
- 1 EL frischer Basilikum, gehackt
- 1 EL frische Petersilie, gehackt
- 1 EL natives Olivenöl extra
- 1 Bio-Zitrone, Saft und Abrieb
- Salz und Pfeffer nach Geschmack
- 1/4 TL Paprikapulver
- 1/2 Avocado, gewürfelt
- 1 TL Ahornsirup

Zubereitung:

1. Die Makrelenfilets auf beiden Seiten mit Salz, Pfeffer und Paprikapulver würzen. Etwas Zitronenabrieb darüberstreuen.

2. Eine Pfanne mit 1 TL Olivenöl erhitzen. Die Makrelenfilets mit der Haut nach unten für etwa 3 Minuten anbraten, bis die Haut knusprig ist. Dann wenden und auf der anderen Seite weitere 2 Minuten braten. Aus der Pfanne nehmen und warm halten.

3. In einer Schüssel Tomaten, Schnittlauch, Basilikum, Petersilie und Avocado vermengen. Den Zitronensaft, den restlichen Olivenöl und den Ahornsirup hinzufügen und alles gut vermischen. Mit Salz und Pfeffer abschmecken.

4. Die Tomatensalsa auf einem Teller anrichten und die gebratenen Makrelenfilets darauflegen. Zum Schluss noch ein wenig frisch gehackten Basilikum und Petersilie darüberstreuen.

Forelle mit Rosmarinkartoffeln

Zubereitungszeit: 30 Minuten
Portionen: 1 Person

Zutaten:

- 1 Forelle (ca. 250 g), ausgenommen und geschuppt
- 200 g Kartoffeln, gewaschen und in Scheiben geschnitten
- 2 EL natives Olivenöl extra
- 1 EL frischer Rosmarin, fein gehackt
- 1 Bio-Zitrone, Saft und abgeriebene Schale
- 2 EL Fenchel, gewaschen und in dünne Scheiben geschnitten
- Salz und Pfeffer nach Geschmack
- 1 EL Petersilie, fein gehackt

Zubereitung:

1. Die Kartoffelscheiben in einer Schüssel mit 1 EL Olivenöl, dem Rosmarin, Salz und Pfeffer vermengen, bis sie gut bedeckt sind.

2. Die Kartoffelscheiben gleichmäßig auf einem mit Backpapier ausgelegten Backblech verteilen und bei 200 Grad im vorgeheizten Ofen für etwa 20 Minuten backen, bis sie goldbraun und knusprig sind. Währenddessen regelmäßig wenden.

3. In der Zwischenzeit die Forelle innen und außen mit Salz, Pfeffer und Zitronenschale würzen. Den Fenchel und etwas Petersilie in die Bauchhöhle der Forelle geben.

4. Eine Pfanne mit dem restlichen Olivenöl erhitzen. Die Forelle von beiden Seiten jeweils 4-5 Minuten braten, bis sie goldbraun und durchgegart ist.

5. Die gebratene Forelle auf einen Teller legen, mit Zitronensaft beträufeln und die knusprigen Rosmarinkartoffeln dazu servieren. Mit der restlichen Petersilie bestreuen. Guten Appetit!

Garnelen mit Zitronenreis

Zubereitungszeit: 20 Minuten
Portionen: 1 Person

Zutaten:

- 100 g Garnelen, entdarmt und geschält
- 100 g weißer Reis
- 1 Bio-Zitrone, Abrieb und Saft
- 1 EL natives Olivenöl extra
- Eine Prise Salz
- Eine Prise Pfeffer
- 1 EL Petersilie, gehackt
- 1 TL Ingwer, fein gehackt
- 2 EL Bohnensprossen
- 50 ml Kokosmilch

Zubereitung:

1. Setze einen Topf mit Wasser auf und bringe es zum Kochen. Füge den Reis und eine Prise Salz hinzu und koche ihn gemäß den Anweisungen auf der Packung, bis er gar ist.

2. Während der Reis kocht, erhitzt du das Olivenöl in einer Pfanne. Gib den fein gehackten Ingwer dazu und dünste ihn kurz an.

3. Füge nun die Garnelen in die Pfanne und brate sie, bis sie eine rosa Farbe angenommen haben. Das sollte ungefähr 2-3 Minuten pro Seite dauern.

4. Sobald die Garnelen gar sind, gießt du die Kokosmilch hinzu und lässt das Ganze kurz aufkochen.

5. Schmecke die Sauce mit Salz, Pfeffer und Zitronensaft ab.

6. Wenn der Reis fertig gekocht ist, lässt du ihn abtropfen und gibst ihn zurück in den Topf. Füge Zitronenabrieb, Bohnensprossen und die Hälfte der Petersilie hinzu und vermische alles gut miteinander.

7. Gib den Zitronenreis auf einem Teller, platziere die Garnelen mit der Kokos-Ingwer-Sauce darüber und bestreue alles mit der restlichen Petersilie.

Seezunge mit Rucola-Salat

Zubereitungszeit: 30 Minuten
Portionen: 1 Person

Zutaten:

- 1 Seezunge (ca. 200 g), küchenfertig
- 1 Handvoll Rucola Salat, gewaschen und getrocknet
- 1 Karotte, fein geraspelt
- 5 Cocktailtomaten, halbiert
- 1 EL natives Olivenöl extra, zum Braten
- 1 EL natives Olivenöl extra, für das Dressing
- 1 EL frisch gepresster Bio-Orangensaft
- Salz und Pfeffer
- 1 TL frischer Schnittlauch, fein gehackt
- 2 EL Kürbiskerne

Zubereitung:

1. Erhitze 1 EL Olivenöl in einer Pfanne über mittlerer Hitze. Wenn das Öl heiß ist, legst du die Seezunge in die Pfanne und brätst sie von beiden Seiten je ca. 4-5 Minuten, bis sie goldbraun und durchgegart ist. Mit Salz und Pfeffer würzen und aus der Pfanne nehmen.

2. Während die Seezunge brät, mische den Rucola Salat, die geraspelte Karotte und die halbierten Cocktailtomaten in einer Schüssel.

3. In einer kleinen Schüssel vermischt du 1 EL Olivenöl und den frisch gepressten Bio-Orangensaft. Das Dressing mit Salz und Pfeffer abschmecken und über den Salat träufeln. Alles gut vermengen.

4. Den Rucola-Salat auf einem Teller anrichten. Die gebratene Seezunge darauf setzen. Mit gehacktem Schnittlauch und Kürbiskernen bestreuen. Guten Appetit!

Tofu-Garnelen-Curry

Zubereitungszeit: 25 Minuten
Portionen: 1 Person

Zutaten:

- 100 g Tofu, gewürfelt
- 100 g Garnelen, entdarmt und geschält
- 150 ml Kokosmilch
- 1 EL natives Olivenöl extra
- 1 TL frisch geriebener Ingwer
- 1/2 Bio-Limette, Saft und Abrieb
- 1 TL Paprikapulver
- 2 EL gehackte Petersilie
- 1/2 TL Pfeffer
- Salz, nach Geschmack
- 3-4 Brokkoli-Röschen, gewaschen und in kleine Stücke geschnitten
- 50 g Karotten, in dünne Scheiben geschnitten
- 100 g Zucchini, in Halbmonde geschnitten

Zubereitung:

1. In einer Pfanne das Olivenöl erhitzen und den Tofu darin goldbraun anbraten. Danach aus der Pfanne nehmen und beiseite stellen.

2. Die Garnelen in die Pfanne geben und kurz von beiden Seiten anbraten, bis sie rosa werden. Dann ebenfalls beiseite stellen.

3. Den frisch geriebenen Ingwer in die Pfanne geben und kurz anschwitzen. Dann Paprikapulver hinzufügen und kurz mit anrösten.

4. Mit der Kokosmilch ablöschen und zum Kochen bringen.

5. Karotten, Zucchini und Brokkoli in die Pfanne geben und für etwa 5 Minuten köcheln lassen, bis das Gemüse leicht gar ist.

6. Nun Tofu und Garnelen wieder in die Pfanne geben und alles gut miteinander vermischen. Mit Limettensaft, Abrieb, Salz und Pfeffer abschmecken.

7. Das Curry noch einmal für 2-3 Minuten köcheln lassen, bis alles gut durchgewärmt ist.

8. Zum Schluss mit frischer Petersilie bestreuen.

Hauptgerichte mit Fleisch

Rindersteak mit Ofenkartoffeln

Zubereitungszeit: 40 Minuten
Portionen: 1 Person

Zutaten:

- 1 Rindersteak (ca. 200 g)
- 2 mittelgroße Kartoffeln, gewaschen und geviertelt
- 1 TL natives Olivenöl extra
- Salz und Pfeffer nach Geschmack
- 1 TL Rosmarin, gehackt
- 1 EL Petersilie, gehackt
- 1 TL Oliven, gehackt
- 1 TL Kokosmilch
- 2 EL Reismilch
- 1 EL Butter
- 1 TL Bio-Zitronensaft, frisch gepresst

Zubereitung:

1. Heize deinen Ofen auf 220 Grad vor.

2. Mische in einer kleinen Schüssel das Olivenöl, Salz, Pfeffer und den Rosmarin. Bepinsele die Kartoffelviertel mit dieser Mischung und verteile sie auf einem mit Backpapier ausgelegten Backblech.

3. Gib das Backblech in den vorgeheizten Ofen und lass die Kartoffeln etwa 30 Minuten goldbraun backen. Wende sie nach 15 Minuten, damit sie gleichmäßig bräunen.

4. In der Zwischenzeit erhitzt du eine Pfanne auf mittlerer Stufe. Würze das Rindersteak mit Salz und Pfeffer und brate es von jeder Seite etwa 4-5 Minuten, je nach gewünschtem Gargrad.

5. In einer kleinen Schüssel vermengst du Butter, Kokosmilch und Reismilch zu einer cremigen Sauce. Würze mit Salz, Pfeffer und Zitronensaft.

6. Nimm das Steak aus der Pfanne und lasse es etwa 5 Minuten ruhen.

7. Lege das Steak auf einen Teller und platziere daneben die Ofenkartoffeln. Träufle die Sauce über das Steak und bestreue alles mit den gehackten Oliven und der Petersilie.

Hühnerbrust mit Gurkensalat

Zubereitungszeit: 30 Minuten
Portionen: 1 Person

Zutaten:

- 1 Hühnerbrustfilet (ca. 150 g), gewaschen und trocken getupft
- 1/2 Gurke, gewaschen und in dünne Scheiben geschnitten
- 1 kleine Karotte, gewaschen und in dünne Streifen geschnitten
- 1 TL frischer Schnittlauch, fein gehackt
- 1 EL natives Olivenöl extra
- 1 EL Weißweinessig
- Salz und Pfeffer nach Geschmack
- 1 EL frische Petersilie, grob gehackt
- 1 TL Ahornsirup

Zubereitung:

1. Die Hühnerbrust mit Salz und Pfeffer würzen. In einer Pfanne das Olivenöl erhitzen und die Hühnerbrust von beiden Seiten jeweils 5-6 Minuten goldbraun braten, bis sie durchgegart ist. Dann aus der Pfanne nehmen und kurz ruhen lassen.

2. Während die Hühnerbrust brät, den Gurkensalat zubereiten. Dafür Gurkenscheiben, Karottenstreifen, Schnittlauch und Petersilie in einer Schüssel vermengen.

3. In einer kleinen Schale Weißweinessig, Ahornsirup, Salz und Pfeffer zu einem Dressing verrühren. Das Dressing über den Gurkensalat geben und gut vermischen.

4. Die Hühnerbrust in dünne Scheiben schneiden und auf einem Teller anrichten. Den Gurkensalat daneben geben.

5. Zum Schluss mit einem kleinen Spritzer Olivenöl beträufeln und nach Wunsch mit weiterer Petersilie bestreuen.

Schweinefilet mit Senfsoße

Zubereitungszeit: 25 Minuten
Portionen: 1 Person

Zutaten:

- 150 g Schweinefilet, in einem Stück
- 1 TL natives Olivenöl extra
- Salz und Pfeffer zum Würzen
- 2 TL Senf
- 100 ml laktosefreie Milch
- 1 TL Petersilie, fein gehackt
- 1 TL Schnittlauch, fein geschnitten
- 1/2 TL Rosmarin, fein gehackt
- 1/4 TL Thymian, fein gehackt

Zubereitung:

1. Das Schweinefilet mit Salz und Pfeffer würzen.

2. In einer Pfanne das Olivenöl erhitzen und das Schweinefilet von beiden Seiten scharf anbraten, bis es eine goldbraune Farbe bekommt.

3. Das Fleisch aus der Pfanne nehmen und auf einem Teller beiseite stellen.

4. In derselben Pfanne die laktosefreie Milch und den Senf hinzufügen. Mit einem Schneebesen gut verrühren, bis eine glatte Soße entsteht.

5. Die Soße bei niedriger Hitze köcheln lassen und dabei ständig rühren, bis sie leicht eindickt.

6. Petersilie, Schnittlauch, Rosmarin und Thymian in die Soße geben und gut vermischen. Mit Salz und Pfeffer abschmecken.

7. Das Schweinefilet in die Soße legen und nochmals 2-3 Minuten köcheln lassen, bis es durch, aber noch saftig ist.

8. Das Filet auf einen Teller legen und mit der Senfsoße übergießen. Guten Appetit.

Lammkoteletts

Zubereitungszeit: 25 Minuten
Portionen: 1 Person

Zutaten:

- 2 Lammkoteletts, ca. 150 g pro Stück
- 1 EL natives Olivenöl extra
- 1 TL frischer Rosmarin, fein gehackt
- 1/2 Bio-Zitrone, der Saft davon
- 1 TL Salz
- 1/2 TL Pfeffer
- 100 g grüne Bohnen, gewaschen und Enden entfernt
- 1 kleine Karotte, gewaschen und in dünne Scheiben geschnitten
- 1 EL Petersilie, fein gehackt

Zubereitung:

1. Das Olivenöl in einer Pfanne bei mittlerer Hitze erhitzen.

2. Die Lammkoteletts von beiden Seiten salzen und pfeffern. In die Pfanne geben und von jeder Seite ca. 3-4 Minuten anbraten, bis sie goldbraun und innen noch rosa sind.

3. Den Rosmarin und Zitronensaft über die Lammkoteletts träufeln und nochmals ca. 1 Minute auf jeder Seite braten.

4. Die Koteletts aus der Pfanne nehmen und beiseite stellen, damit sie ruhen können.

5. Im gleichen Öl die grünen Bohnen und Karottenscheiben ca. 5 Minuten dünsten, bis sie weich sind, aber noch Biss haben.

6. Die Petersilie darüber streuen und gut vermischen.

7. Die Lammkoteletts auf einen Teller legen, das Gemüse daneben anrichten und servieren.

Gebratene Ente mit Preiselbeeren

Zubereitungszeit: 45 Minuten
Portionen: 1 Person

Zutaten:

- 1 Entenbrust (ca. 200 g)
- 2 EL Preiselbeeren, frisch oder aus dem Glas
- 2 Karotten, geschält und in dünne Scheiben geschnitten
- 1 kleine Zucchini, in dünne Scheiben geschnitten
- 1/2 rote Paprika, gewürfelt
- 2 EL natives Olivenöl extra
- 1 TL frischer Ingwer, gerieben
- 1 EL Ahornsirup
- 1 Bio-Zitrone, Saft und Abrieb
- Salz und Pfeffer nach Geschmack
- 1 EL Petersilie, gehackt
- 100 ml Wasser

Zubereitung:

1. Die Entenbrust mit Salz und Pfeffer würzen. In einer Pfanne 1 EL Olivenöl erhitzen und die Entenbrust mit der Hautseite nach unten scharf anbraten. Nach ca. 5 Minuten, wenn die Haut knusprig ist, wenden und auf der anderen Seite weitere 5 Minuten braten. Entenbrust aus der Pfanne nehmen und beiseite stellen.

2. Im gleichen Öl die Karottenscheiben anbraten, nach ca. 3 Minuten die Zucchinischeiben und Paprikawürfel dazugeben. Alles gut umrühren und mit Salz, Pfeffer und Ingwer würzen.

3. Nachdem das Gemüse leicht angebräunt ist, Preiselbeeren, Ahornsirup und den Zitronensaft und -abrieb in die Pfanne geben. Das Wasser hinzufügen und alles gut vermengen. Lass die Sauce leicht köcheln, bis sie leicht eindickt.

4. Die Entenbrust in die Pfanne zurücklegen und alles bei mittlerer Hitze 10-15 Minuten schmoren lassen, bis die Ente durch, aber noch saftig ist.

5. Die gebratene Ente auf einem Teller anrichten, das Gemüse und die Preiselbeersauce darüber geben und mit gehackter Petersilie bestreuen.

Putenrollbraten mit Knollensellerie

Zubereitungszeit: 45 Minuten
Portionen: 1 Person

Zutaten:

- 150 g Putenbrust, flach geklopft
- 1 TL natives Olivenöl extra
- Salz und Pfeffer nach Geschmack
- 1 Zweig frischer Rosmarin
- 1/2 Bio-Zitrone, Abrieb und Saft
- 150 g Knollensellerie, geschält und in Würfel geschnitten
- 2 EL laktosefreie Sahne
- 1 EL frischer Schnittlauch, fein geschnitten
- 2 EL Wasser

Zubereitung:

1. Die Putenbrust mit Salz, Pfeffer, Zitronenabrieb und Rosmarin von beiden Seiten würzen.

2. Die gewürzte Putenbrust fest aufrollen und mit Küchengarn zusammenbinden, sodass ein kleiner Rollbraten entsteht.

3. In einer Pfanne das Olivenöl erhitzen. Den Putenrollbraten von allen Seiten anbraten, bis er eine goldbraune Farbe annimmt. Anschließend den Rollbraten aus der Pfanne nehmen und im vorgeheizten Ofen bei 180 Grad für 20 Minuten garen.

4. Während die Pute im Ofen gart, die Selleriewürfel in einem Topf mit Wasser bedecken und zum Kochen bringen. Sobald der Sellerie weich ist (nach ca. 15 Minuten), das Wasser abgießen.

5. Den gekochten Sellerie zurück in den Topf geben und mit laktosefreier Sahne und 2 EL Wasser zu einem feinen Püree pürieren. Mit Salz und Pfeffer abschmecken und den fein geschnittenen Schnittlauch unterrühren.

6. Den Putenrollbraten aus dem Ofen nehmen und kurz ruhen lassen. Danach in Scheiben schneiden.

7. Das Knollensellerie-Püree auf einen Teller geben und die Putenscheiben darauf anrichten. Zum Schluss mit etwas Zitronensaft beträufeln.

Zitronenhähnchen mit Brokkoli

Zubereitungszeit: 25 Minuten
Portionen: 1 Person

Zutaten:

- 150 g Hähnchenbrust, in Streifen geschnitten
- 150 g Brokkoli, in Röschen geteilt
- 1 Bio-Zitrone, Saft und Abrieb
- 2 EL natives Olivenöl extra
- 2 TL Ahornsirup
- Salz und Pfeffer
- 1 TL Paprikapulver
- 1 TL frischer Ingwer, gerieben
- 1 EL Petersilie, gehackt
- 50 ml Kokosmilch
- 1 TL Basilikum, gehackt
- 2 TL Sesamsamen (optional)

Zubereitung:

1. Erhitze 1 EL Olivenöl in einer Pfanne. Füge die Hähnchenstreifen hinzu und brate sie, bis sie goldbraun sind. Würze mit Salz, Pfeffer und Paprikapulver.

2. In einer kleinen Schüssel mische den Zitronensaft, Zitronenabrieb, Ahornsirup und geriebenen Ingwer zusammen. Gieße diese Mischung über das angebratene Hähnchen in der Pfanne.

3. Gib den Brokkoli in die Pfanne und dünste alles zusammen für etwa 5-7 Minuten oder bis der Brokkoli weich ist, aber noch Biss hat.

4. Während das Hähnchen und der Brokkoli garen, erhitze in einem kleinen Topf die Kokosmilch zusammen mit dem Basilikum. Lass es kurz aufkochen und reduziere dann die Hitze. Lass es leicht köcheln, bis es ein wenig eindickt.

5. Füge die Kokos-Basilikum-Sauce zu deinem Hähnchen und Brokkoli in der Pfanne hinzu und mische alles gut durch.

6. Serviere das Zitronenhähnchen mit Brokkoli auf einem Teller. Garniere es mit gehackter Petersilie und, falls gewünscht, mit Sesamsamen. Lass es dir schmecken.

Rinderhackpfanne mit Zucchini

Zubereitungszeit: 25 Minuten
Portionen: 1 Person

Zutaten:

- 150 g Rinderhackfleisch
- 1 mittelgroße Zucchini, gewaschen und in Würfel geschnitten
- 1 Karotte, gewaschen und in dünne Scheiben geschnitten
- 1/4 gelbe Paprika, gewaschen und gewürfelt
- 1 EL natives Olivenöl extra
- 1 TL Paprikapulver
- 1 EL frische Petersilie, gehackt
- 1 TL frischer Basilikum, gehackt
- Salz und Pfeffer nach Geschmack
- 1 EL grüne Bohnen, gewaschen und in Stücke geschnitten
- 1 TL frischer Schnittlauch, gehackt
- 1 EL Parmesan, gerieben
- 2 EL Kokosmilch

Zubereitung:

1. Erhitze das Olivenöl in einer Pfanne über mittlerer Hitze.

2. Füge das Rinderhackfleisch hinzu und brate es an, bis es braun und krümelig wird.

3. Gib die Zucchini-, Karotten- und Paprikawürfel in die Pfanne und dünste sie, bis sie weich sind.

4. Würze das Ganze mit Paprikapulver, Salz und Pfeffer. Verrühre alles gut.

5. Füge die grünen Bohnen hinzu und lass alles für weitere 5 Minuten köcheln.

6. Reduziere die Hitze und gib die Kokosmilch dazu. Lass das Ganze nochmals für 2-3 Minuten köcheln.

7. Rühre den Parmesan unter und lasse ihn schmelzen.

8. Garniere die Pfanne mit der gehackten Petersilie, dem Basilikum und dem Schnittlauch.

Gefüllte Paprika mit Reis und Schweinefleisch

Zubereitungszeit: 45 Minuten
Portionen: 1 Person

Zutaten:

- 1 mittelgroße rote oder gelbe Paprika, gewaschen und halbiert
- 50 g Reis (weiß oder braun)
- 100 g Schweinefleisch, klein gewürfelt
- 2 EL natives Olivenöl extra
- 1 kleine Karotte, fein gewürfelt
- 1 TL Ingwer, frisch und gerieben
- 30 ml frischer Bio-Orangensaft
- 1 TL Petersilie, gehackt
- 1 TL Schnittlauch, gehackt
- Salz und Pfeffer nach Geschmack

Zubereitung:

1. Den Reis in einem Topf mit etwa 150 ml Wasser zum Kochen bringen. Sobald es kocht, die Hitze reduzieren und etwa 15 Minuten köcheln lassen, bis der Reis gar ist.

2. In der Zwischenzeit in einer Pfanne 1 EL Olivenöl erhitzen. Das gewürfelte Schweinefleisch hinzufügen und von allen Seiten gut anbraten, bis es goldbraun und durchgegart ist.

3. Die gewürfelte Karotte und den geriebenen Ingwer zum Fleisch geben und weitere 5 Minuten anbraten, bis die Karotten weich sind.

4. Den gekochten Reis und den frischen Orangensaft in die Pfanne geben und alles gut vermengen. Mit Salz und Pfeffer abschmecken und vom Herd nehmen.

5. Die halbierte Paprika vorsichtig mit der Reis-Fleisch-Mischung befüllen.

6. Eine feuerfeste Form mit dem restlichen Olivenöl auspinseln und die gefüllte Paprika hineinlegen. Bei 180 Grad im vorgeheizten Backofen etwa 20 Minuten backen, bis die Paprika weich und die Oberseite leicht gebräunt ist.

7. Die gefüllte Paprika aus dem Ofen nehmen, mit Petersilie und Schnittlauch bestreuen und servieren.

Lammcurry mit Kichererbsen

Zubereitungszeit: 35 Minuten
Portionen: 1 Person

Zutaten:

- 150 g Lammfleisch, in kleine Würfel geschnitten
- 100 g Kichererbsen aus der Dose, abgespült und abgetropft
- 1 Karotte, gewürfelt
- 1/2 rote Paprika, gewürfelt
- 1/4 Hokkaido Kürbis, gewürfelt
- 1/2 Bio-Zitrone, Saft
- 150 ml Kokosmilch
- 1 EL natives Olivenöl extra
- 1 TL Paprikapulver
- 1/2 TL Kurkuma
- 1/4 TL Chilipulver (oder je nach Schärfe Vorliebe)
- Salz und Pfeffer zum Abschmecken
- 1 TL frischer Ingwer, gerieben
- 1 EL frischer Koriander, gehackt
- 2 EL Petersilie, gehackt

Zubereitung:

1. In einer Pfanne das Olivenöl erhitzen. Das Lammfleisch darin rundherum anbraten, bis es leicht gebräunt ist. Dann das Fleisch aus der Pfanne nehmen und beiseite stellen.

2. Im verbleibenden Öl den geriebenen Ingwer, Paprika, Karotte und Kürbis für etwa 5 Minuten anbraten. Die Gewürze (Paprikapulver, Kurkuma, Chilipulver) hinzufügen und gut umrühren.

3. Nun die Kichererbsen und das angebratene Lammfleisch zurück in die Pfanne geben und alles gut vermengen.

4. Mit Kokosmilch ablöschen und zum Kochen bringen. Den Herd auf mittlere Hitze reduzieren und alles etwa 20 Minuten köcheln lassen, bis das Gemüse weich ist und das Fleisch durchgekocht ist.

5. Mit Salz, Pfeffer und Zitronensaft abschmecken.

6. Zum Schluss mit frischem Koriander und Petersilie bestreuen.

Vegetarische Hauptgerichte

Zucchininudeln mit Basilikum-Pesto

Zubereitungszeit: 15 Minuten
Portionen: 1 Person

Zutaten:

- 1 mittelgroße Zucchini, in Spiralen geschnitten oder mit einem Gemüsehobel in feine Streifen geschnitten
- 10 Basilikumblätter, frisch
- 2 EL Kürbiskerne
- 2 EL geriebener Parmesan
- 1 EL natives Olivenöl extra
- 1 kleine Bio-Zitrone, Abrieb und Saft
- Salz und Pfeffer nach Geschmack

Zubereitung:

1. In einer Pfanne das Olivenöl leicht erhitzen. Die Zucchininudeln hinzufügen und 2-3 Minuten anbraten, bis sie leicht weich sind. Dabei gelegentlich umrühren. Dann die Pfanne vom Herd nehmen und beiseite stellen.

2. Für das Pesto die Basilikumblätter, Kürbiskerne, Parmesan, Zitronenabrieb und -saft in einem Mörser geben. Mit Salz und Pfeffer würzen. Alles zu einer glatten Paste zerstoßen. Wenn du keinen Mörser hast, kannst du auch einen Mixer oder eine Küchenmaschine verwenden.

3. Das Basilikum-Pesto mit den angebratenen Zucchininudeln vermengen, bis alle Nudeln gut bedeckt sind.

4. Das Gericht in einen tiefen Teller geben und mit ein paar zusätzlichen Kürbiskernen und Basilikumblättern garnieren.

Auberginen-Lasagne mit laktosefreiem Käse

Zubereitungszeit: 35 Minuten
Portionen: 1 Person

Zutaten:

- 2 mittelgroße Auberginen, in dünne Scheiben geschnitten
- 150 ml laktosefreie Milch
- 100 g Hartkäse, gerieben
- 100 g laktosefreier Mozzarella, in Scheiben geschnitten
- 100 g Tomaten, gewürfelt
- 1 EL natives Olivenöl extra
- 1 TL Paprikapulver
- Salz und Pfeffer nach Geschmack
- 1/2 TL Oregano
- 1/2 TL Basilikum
- 2 EL frische Petersilie, gehackt
- 1 EL grüner Paprika, gewürfelt
- 1 TL Schnittlauch, fein geschnitten

Zubereitung:

1. Erhitze das Olivenöl in einer Pfanne auf mittlerer Stufe. Gib die Auberginenscheiben hinzu und brate sie von beiden Seiten goldbraun an. Danach auf einem Küchenpapier abtropfen lassen.

2. In einer kleinen Schüssel Tomaten, grünen Paprika, Paprikapulver, Oregano und Basilikum vermengen. Mit Salz und Pfeffer abschmecken.

3. In einer Auflaufform eine Schicht Auberginenscheiben auslegen. Danach etwas von der Tomaten-Paprika-Mischung darüber verteilen, gefolgt von einer Schicht geriebenem Hartkäse und Mozzarella-Scheiben.

4. Wiederhole die Schichten, bis alle Zutaten verbraucht sind, wobei die oberste Schicht aus Käse bestehen sollte.

5. Gieße die laktosefreie Milch vorsichtig in die Auflaufform.

6. Die Lasagne in einen auf 180 Grad vorgeheizten Ofen geben und ca. 25 Minuten backen, bis der Käse goldbraun ist.

7. Aus dem Ofen nehmen und 5 Minuten ruhen lassen. Danach mit frischer Petersilie und Schnittlauch bestreuen.

Quinoa-Pfanne mit Gemüse

Zubereitungszeit: 30 Minuten
Portionen: 1 Person

Zutaten:

- 70 g Quinoa, gewaschen
- 1 mittelgroße Karotte, gewürfelt
- 5 grüne Bohnen, geschnitten
- 1/4 Zucchini, gewürfelt
- 1/4 gelbe Paprika, gewürfelt
- 3 Austernpilze, in Scheiben
- 2 TL natives Olivenöl extra
- 1/2 Bio-Zitrone, Saft
- 1 EL gehackte Petersilie
- 1 EL gehackter Schnittlauch
- Salz und Pfeffer nach Geschmack

Zubereitung:

1. Gib den Quinoa in einen Topf mit der doppelten Menge Wasser. Lass es zum Kochen bringen und dann auf mittlerer Hitze köcheln, bis der Quinoa gar ist (etwa 15 Minuten). Danach das Wasser abgießen und den Quinoa beiseite stellen.

2. In einer Pfanne das Olivenöl erhitzen. Die Karotten, grüne Bohnen und Zucchini hinzufügen. Unter gelegentlichem Rühren 5-7 Minuten dünsten, bis sie anfangen, weich zu werden.

3. Die Austernpilze und Paprika hinzufügen und weitere 3-4 Minuten braten, bis das gesamte Gemüse zart und gut gebraten ist.

4. Den gekochten Quinoa zur Pfanne hinzufügen und gut mit dem Gemüse vermengen. Mit Salz und Pfeffer abschmecken.

5. Den Saft der halben Zitrone darüber träufeln und mit Petersilie und Schnittlauch garnieren.

Tofu-Stir-Fry mit Ingwer

Zubereitungszeit: 20 Minuten
Portionen: 1 Person

Zutaten:

- 150 g fester Tofu, in kleine Würfel geschnitten
- 1 mittelgroße Karotte, in dünne Scheiben geschnitten
- 50 g Zucchini, in Scheiben geschnitten
- 50 g Brokkoli, in Röschen geteilt
- 1/2 gelbe Paprika, in Streifen geschnitten
- 1 EL frisch geriebener Ingwer
- 2 EL natives Olivenöl extra
- 1 EL Sojasprossen
- 2 EL glutenfreie Sojasauce
- 1 EL Ahornsirup
- 1 EL Petersilie, fein gehackt
- 1 TL Zitronengras, fein gehackt
- 1 EL grüner Schnittlauch, fein gehackt
- 1 Prise Salz und Pfeffer

Zubereitung:

1. Erhitze das Olivenöl in einer großen Pfanne oder einem Wok auf mittlerer Stufe. Gib den frisch geriebenen Ingwer hinzu und brate ihn für etwa 1 Minute an, bis er duftet.

2. Füge den Tofu hinzu und brate ihn goldbraun an. Drehe die Würfel gelegentlich um, damit sie gleichmäßig gebräunt werden.

3. Sobald der Tofu knusprig ist, gib die Karotten, Zucchini, Brokkoli und Paprika hinzu. Brate das Gemüse für etwa 5-7 Minuten an, bis es bissfest ist.

4. Während das Gemüse gart, mische in einer kleinen Schüssel die Sojasauce mit dem Ahornsirup und dem Zitronengras. Rühre gut um, bis sich alles gut vermischt hat.

5. Gieße die Sojasauce-Mischung über den Tofu und das Gemüse in der Pfanne. Lass alles für weitere 2-3 Minuten köcheln.

6. Füge die Sojasprossen hinzu und brate sie kurz mit an, bis sie leicht erwärmt sind. Schmecke den Stir-Fry mit Salz und Pfeffer ab und rühre den gehackten Schnittlauch und die Petersilie unter. Guten Appetit.

Kürbis-Risotto mit Reis

Zubereitungszeit: 30 Minuten
Portionen: 1 Person

Zutaten:

- 100 g Risotto-Reis
- 200 g Hokkaido Kürbis, gewürfelt
- 1/2 Bio-Zitrone, Saft und Abrieb
- 2 EL natives Olivenöl extra
- 2 EL Schnittlauch, fein gehackt
- 1 TL Ingwer, fein gerieben
- 500 ml laktosefreie Milch
- 1 EL Parmesan, gerieben
- 1 Prise Salz
- 1 Prise Pfeffer
- 1 Prise Paprikapulver
- 1 EL Kürbiskerne zum Garnieren

Zubereitung:

1. Gib das Olivenöl in eine mittelgroße Pfanne und erhitze es auf mittlerer Stufe. Füge den gewürfelten Hokkaido Kürbis hinzu und brate ihn für etwa 5 Minuten an, bis er weich und leicht goldbraun ist.

2. Gib den Risotto-Reis hinzu und rühre gut um, sodass er sich mit dem Olivenöl und dem Kürbis vermengt.

3. In einem anderen Topf erwärmst du die laktosefreie Milch, ohne sie zum Kochen zu bringen. Gib dann nach und nach die warme Milch zum Reis und rühre ständig um. Das Ganze sollte etwa 20 Minuten dauern.

4. Wenn der Reis weich ist und die Milch aufgesogen hat, füge den geriebenen Ingwer, den Zitronensaft und -abrieb hinzu. Mische alles gut durch.

5. Schmecke mit Salz, Pfeffer und Paprikapulver ab. Füge dann den geriebenen Parmesan hinzu und rühre um, bis er geschmolzen ist.

6. Garniere das Risotto zum Schluss mit Schnittlauch und Kürbiskernen.

Gefüllte Tomaten mit Hirse

Zubereitungszeit: 30 Minuten
Portionen: 1 Person

Zutaten:

- 1 große Tomate
- 50 g Hirse
- 150 ml Wasser
- 1/2 kleine rote Paprika, gewürfelt
- 1/2 kleine gelbe Paprika, gewürfelt
- 50 g Hokkaido Kürbis, gewürfelt
- 1 EL natives Olivenöl extra
- 1 TL Petersilie, gehackt
- 1 TL Schnittlauch, gehackt
- 1 Prise Pfeffer
- 1 Prise Salz
- 1 EL Feta, zerbröselt
- 2 EL Mais

Zubereitung:

1. Setze die Hirse in einem kleinen Topf mit Wasser auf. Koche sie nach den Anweisungen auf der Verpackung, bis sie weich und das Wasser aufgesogen ist. Dann beiseite stellen.

2. Während die Hirse kocht, schneide den oberen Teil der Tomate ab und höhle sie vorsichtig mit einem Löffel aus, sodass eine Schale entsteht. Das Innere der Tomate klein hacken und beiseite stellen.

3. In einer Pfanne das Olivenöl erhitzen und den Hokkaido Kürbis darin anbraten, bis er beginnt, weich zu werden. Füge die gewürfelten Paprikastücke und Mais hinzu und brate alles für weitere 3-4 Minuten.

4. Gib das gehackte Innere der Tomate zur Pfannenmischung hinzu und lass alles zusammen weitere 2 Minuten köcheln.

5. Nimm die Pfanne vom Herd und mische die gekochte Hirse unter das Gemüse. Würze mit Salz, Pfeffer, Petersilie und Schnittlauch.

6. Fülle die Tomatenschale mit der Hirse-Gemüse-Mischung und garniere mit zerbröseltem Feta. Fertig.

Linsen-Burger

Zubereitungszeit: 30 Minuten
Portionen: 1 Person

Zutaten:

- 50 g Linsen aus der Dose, gut abgespült und abge-tropft
- 1 Bio-Ei
- 20 g glutenfreie Brotkrümel
- 1 EL natives Olivenöl extra
- 1/4 TL Salz
- 1/4 TL Pfeffer
- 1/4 TL Paprikapulver
- 1 EL gehackte Petersilie
- 1 EL fein geschnittener Schnittlauch
- 30 g Rucola Salat, gewaschen
- 1 glutenfreies Brötchen
- 1 EL Mayonnaise
- 2 Scheiben Tomate
- 1 Scheibe Hartkäse (z.B. Cheddar)

Zubereitung:

1. In einer Schüssel die Linsen, das Ei, die glutenfreien Brotkrümel, Salz, Pfeffer und Paprikapulver vermengen. Daraus eine feste Masse formen und einen Burger-Patty formen.

2. Eine Pfanne mit dem Olivenöl erhitzen. Den Linsen-Patty von beiden Seiten jeweils etwa 4-5 Minuten anbraten, bis er eine goldbraune Farbe hat.

3. Während der Patty brät, das Brötchen in der Mitte durchschneiden und auf einer der Hälften die Mayonnaise verteilen. Dann den Rucola und die Tomatenscheiben darauflegen.

4. Sobald der Linsen-Patty fertig gebraten ist, legst du ihn auf das Brötchen mit dem Rucola und den Tomaten. Danach legst du die Scheibe Hartkäse darauf.

5. Zum Schluss mit der anderen Brötchenhälfte bedecken.

Spinat-Kokos-Curry

Zubereitungszeit: 25 Minuten
Portionen: 1 Person

Zutaten:

- 100 g frischer Spinat, gewaschen und grob gehackt
- 100 ml Kokosmilch
- 50 g Kartoffeln, gewürfelt
- 50 g Tomaten, gewürfelt
- 50 g Hokkaido Kürbis, gewürfelt
- 30 g Erbsen aus Dose
- 2 Austernpilze, in dünne Scheiben geschnitten
- 1 EL natives Olivenöl extra
- 1 TL Ingwer, fein gehackt
- 1 EL Petersilie, fein gehackt
- 1/2 TL Paprikapulver
- 1/4 TL Kurkuma
- Salz und Pfeffer nach Geschmack
- 1 Bio-Zitrone, Saft und Schale

Zubereitung:

1. In einem mittelgroßen Topf das Olivenöl erhitzen. Den fein gehackten Ingwer darin für 1-2 Minuten anbraten, bis er duftet.

2. Die gewürfelten Kartoffeln, Hokkaido Kürbis und Tomaten hinzufügen. Alles gut umrühren und für etwa 5 Minuten dünsten lassen, bis die Kartoffeln und der Kürbis anfangen, weich zu werden.

3. Paprikapulver, Kurkuma, Salz und Pfeffer hinzufügen und gut vermischen.

4. Die Kokosmilch in den Topf gießen und zum Köcheln bringen.

5. Erbsen, gehackten Spinat und geschnittene Austernpilze in den Topf geben. Alles gut vermengen und weitere 10 Minuten köcheln lassen, bis alles gut durchgegart und der Spinat welk ist.

6. Mit dem Saft und der Schale einer Zitrone abschmecken und die Petersilie unterrühren. Fertig.

Süßkartoffel-Gratin

Zubereitungszeit: 45 Minuten
Portionen: 1 Person

Zutaten:

- 1 mittelgroße Süßkartoffel, geschält und in dünne Scheiben geschnitten
- 50 g Hartkäse, gerieben (z.B. Cheddar oder Parmesan)
- 100 ml laktosefreie Milch
- 1 EL natives Olivenöl extra
- 1/4 TL Paprikapulver
- 1/4 TL Pfeffer
- Eine Prise Salz
- 1 EL gehackter Schnittlauch
- 2 EL Petersilie, gehackt
- 2 EL glutenfreie Brösel (z.B. aus glutenfreiem Brot)

Zubereitung:

1. Heize deinen Ofen auf 180 Grad vor.

2. In einer kleinen Schüssel vermische Olivenöl, Paprikapulver, Pfeffer und Salz miteinander.

3. Bepinsel eine Auflaufform mit etwas Olivenöl.

4. Lege eine Schicht der dünn geschnittenen Süßkartoffelscheiben in die Form. Bestreiche die Süßkartoffelscheiben leicht mit der Olivenöl-Mischung und streue ein wenig geriebenen Käse darüber. Wiederhole diesen Schritt, bis alle Süßkartoffelscheiben aufgebraucht sind.

5. Gieße die laktosefreie Milch über das Gratin und bestreue es mit den glutenfreien Bröseln.

6. Decke die Auflaufform mit Alufolie ab und backe das Gratin 25 Minuten im Ofen.

7. Entferne die Alufolie und backe es weitere 10-15 Minuten, bis es goldbraun und knusprig ist.

8. Nimm das Gratin aus dem Ofen und lass es kurz abkühlen. Garniere es vor dem Verzehr mit dem gehackten Schnittlauch und der Petersilie.

Polenta-Pizza

Zubereitungszeit: 30 Minuten
Portionen: 1 Person

Zutaten:

- 100 g Polenta
- 300 ml Wasser
- Eine Prise Salz
- 1 TL natives Olivenöl extra
- 50 g laktosefreier Mozzarella, gerieben
- 3-4 Kirschtomaten, gewaschen und in Scheiben geschnitten
- 1 EL grüne Oliven, entsteint und in Ringe geschnitten
- Einige Blätter frischer Basilikum, gewaschen und grob gehackt
- 1 EL Hartkäse (z.B. Parmesan), gerieben
- 1 TL Oregano
- Pfeffer, nach Geschmack

Zubereitung:

1. In einem Topf Wasser zum Kochen bringen. Eine Prise Salz hinzufügen. Wenn das Wasser kocht, die Hitze reduzieren und unter ständigem Rühren die Polenta langsam einrieseln lassen.

2. Bei niedriger Hitze unter ständigem Rühren weiterköcheln lassen, bis die Polenta eingedickt und glatt ist. Das sollte etwa 10-12 Minuten dauern.

3. Eine kleine runde Backform oder eine kleine Pfanne mit Olivenöl leicht einfetten. Die eingedickte Polenta hineingeben und gleichmäßig verteilen, um eine Basis für die Pizza zu bilden. Lass die Polenta etwa 10 Minuten abkühlen und fest werden.

4. Den Ofen auf 180 Grad vorheizen.

5. Sobald die Polenta fest geworden ist, den geriebenen Mozzarella gleichmäßig darauf verteilen. Danach die Tomatenscheiben und Olivenringe darauf anordnen.

6. Die Pizza mit Oregano, Pfeffer und dem geriebenen Hartkäse bestreuen. Die Polenta-Pizza im vorgeheizten Ofen für etwa 10-12 Minuten backen, oder bis der Käse geschmolzen und leicht goldbraun ist.

7. Nach dem Backen die Pizza aus dem Ofen nehmen und den frischen Basilikum darüber streuen. Guten Appetit.

Kartoffel-Gnocchi mit Salbei

Zubereitungszeit: 35 Minuten
Portionen: 1 Person

Zutaten:

- 200 g Kartoffeln, geschält und in Würfel geschnitten
- 50 g glutenfreies Mehl (z.B. Maismehl oder Reismehl)
- 1 Bio-Ei
- 1 TL Salz
- 2 EL natives Olivenöl extra
- 10 frische Salbeiblätter, gewaschen
- Frisch geriebener Parmesan zum Servieren
- Pfeffer nach Geschmack

Zubereitung:

1. Die Kartoffelwürfel in einem Topf mit gesalzenem Wasser bedecken und zum Kochen bringen. Lasse die Kartoffeln etwa 15-20 Minuten köcheln, bis sie weich sind. Anschließend abgießen und gut ausdampfen lassen.

2. Gib die weichen Kartoffeln in eine große Schüssel und zerdrücke sie mit einer Kartoffelpresse oder einem Kartoffelstampfer, bis sie ganz fein sind. Füge das Ei, das Salz und das glutenfreie Mehl hinzu und vermenge alles zu einem glatten Teig. Falls der Teig zu klebrig ist, kannst du noch etwas Mehl hinzufügen.

3. Teile den Teig in mehrere Portionen und rolle jede Portion auf einer bemehlten Fläche zu einer langen, dünnen Rolle. Schneide kleine Stücke von etwa 2 cm Länge ab und forme sie mit einer Gabel zu kleinen Gnocchi.

4. Bringe in einem großen Topf gesalzenes Wasser zum Kochen. Gib die Gnocchi vorsichtig ins kochende Wasser und lass sie kochen, bis sie an die Oberfläche kommen. Das dauert etwa 2-3 Minuten. Dann mit einer Schaumkelle herausnehmen und abtropfen lassen.

5. In einer großen Pfanne das Olivenöl erhitzen. Die Salbeiblätter hinzufügen und kurz anbraten, bis sie knusprig sind. Füge die Gnocchi hinzu und brate sie 2-3 Minuten von beiden Seiten an, bis sie goldbraun sind.

6. Die Gnocchi mit Salbei auf einen Teller geben, mit frisch geriebenem Parmesan bestreuen und nach Geschmack mit Pfeffer würzen.

Wok-Gemüse mit Sojasprossen

Zubereitungszeit: 20 Minuten
Portionen: 1 Person

Zutaten:

- 50 g Sojasprossen, gewaschen
- 80 g Brokkoli, in kleine Röschen geschnitten
- 70 g Karotten, in dünne Streifen geschnitten
- 60 g Zucchini, in Halbmonde geschnitten
- 1 EL natives Olivenöl extra
- 1 TL Ingwer, fein gehackt
- 1 Bio-Zitrone, Saft und Abrieb
- 1 TL Ahornsirup
- 2 EL Petersilie, fein gehackt
- Salz und Pfeffer zum Abschmecken

Zubereitung:

1. Erhitze das Olivenöl in einem Wok oder einer großen Pfanne bei mittlerer Hitze. Füge den fein gehackten Ingwer hinzu und brate ihn für etwa 1 Minute an, bis er duftet.

2. Gib die Karottenstreifen in den Wok und brate sie für 2-3 Minuten an, bis sie leicht weich werden.

3. Füge den Brokkoli und die Zucchini hinzu und brate alles weitere 3-4 Minuten, bis das Gemüse bissfest ist.

4. Jetzt kommen die Sojasprossen dazu. Unter ständigem Rühren 2 Minuten mitbraten.

5. Mit Zitronensaft, Ahornsirup, Salz und Pfeffer abschmecken und gut vermengen.

6. Zum Schluss den Zitronenabrieb und die gehackte Petersilie unterrühren und alles noch einmal gut durchmischen.

7. Das Gemüse aus dem Wok in einen Teller geben und servieren.

Auberginen-Röllchen

Zubereitungszeit: 35 Minuten
Portionen: 1 Person

Zutaten:

- 1 mittelgroße Aubergine, längs in 4 dünne Scheiben geschnitten
- 80 g Feta, zerbröckelt
- 1 EL natives Olivenöl extra
- 1/2 rote Paprika, fein gewürfelt
- 1 TL frischer Schnittlauch, fein gehackt
- 1 TL frische Petersilie, fein gehackt
- 1 TL frische Basilikumblätter, zerkleinert
- Salz und Pfeffer nach Geschmack
- 1 TL Zitronensaft von einer Bio-Zitrone
- 1 EL Kürbiskerne, grob gehackt

Zubereitung:

1. Heize den Ofen auf 200 Grad vor.

2. Bestreiche die Auberginenscheiben auf beiden Seiten mit Olivenöl und lege sie auf ein mit Backpapier ausgelegtes Blech. Würze sie mit etwas Salz und Pfeffer. Backe sie 10 Minuten lang im Ofen oder bis sie weich und leicht goldbraun sind. Lass sie danach kurz abkühlen.

3. Während die Auberginen im Ofen sind, bereite die Feta-Mischung vor: In einer Schüssel zerbröckelten Feta, Paprikawürfel, Schnittlauch, Petersilie, Basilikum und Zitronensaft vermengen. Mit Salz und Pfeffer abschmecken.

4. Nimm eine Scheibe der abgekühlten Aubergine und verteile etwa 1/4 der Feta-Mischung am einen Ende. Rolle die Aubergine vorsichtig auf, so dass du ein Röllchen erhältst. Wiederhole den Vorgang mit den restlichen Scheiben.

5. Lege die Röllchen zurück auf das Backblech und backe sie weitere 10 Minuten, bis sie warm und der Feta leicht geschmolzen ist.

6. Vor dem Servieren mit Kürbiskernen bestreuen. Guten Appetit.

Buchweizen-Rösti mit Avocado

Zubereitungszeit: 20 Minuten
Portionen: 1 Person

Zutaten:

- 100 g Buchweizen, vorher gewaschen und für mindestens 2 Stunden eingeweicht
- 1 kleine reife Avocado, halbiert und entkernt
- 1 EL frischer Schnittlauch, fein gehackt
- 1 Bio-Ei
- 1 EL natives Olivenöl extra
- 1 TL frischer Ingwer, gerieben
- 1 TL Bio-Limettensaft
- Salz und Pfeffer nach Geschmack

Zubereitung:

1. Den eingeweichten Buchweizen in ein Sieb abgießen und gut abtropfen lassen.

2. In einer Schüssel den Buchweizen, das Ei, den Ingwer, Salz und Pfeffer vermengen und gut durchrühren, bis ein klebriger Teig entsteht.

3. Das Olivenöl in einer Pfanne erhitzen. Mit einem Löffel Rösti-Portionen formen und in die Pfanne setzen. Jeden Rösti etwa 3-4 Minuten von jeder Seite goldbraun braten, bis er knusprig ist.

4. Die Avocado in Scheiben schneiden und mit etwas Limettensaft beträufeln, um eine Bräunung zu verhindern.

5. Die fertigen Buchweizen-Rösti auf einen Teller legen, mit Avocadoscheiben belegen und mit dem frischen Schnittlauch bestreuen.

6. Nach Belieben mit Salz und Pfeffer abschmecken und servieren.

Kichererbsen-Salat mit frischer Minze

Zubereitungszeit: 20 Minuten
Portionen: 1 Person

Zutaten:

- 150 g Kichererbsen aus Dose, abgetropft und gut gespült
- 1 Bio-Zitrone, Saft und Schale
- 2 EL frische Minze, fein gehackt
- 1 kleine Karotte, gewürfelt
- 50 g Feta, gewürfelt
- 6-8 Weintrauben, halbiert
- 50 g Rucola Salat, grob gehackt
- 1 EL natives Olivenöl extra
- Salz und Pfeffer zum Abschmecken

Zubereitung:

1. In einer mittelgroßen Schüssel die Kichererbsen, Karottenwürfel, Feta und Weintrauben vermengen.

2. In einer kleinen Schüssel den Zitronensaft, Zitronenschale und Olivenöl vermischen. Mit Salz und Pfeffer abschmecken.

3. Das Zitronen-Olivenöl-Dressing über die Kichererbsen-Mischung gießen und gut durchmischen.

4. Frische Minze und Rucola Salat dazugeben und alles sanft vermengen, bis alle Zutaten gut miteinander vermischt sind.

5. Zum Schluss den Salat auf einem Teller anrichten.

Beilagen

Kartoffel-Püree

Zubereitungszeit: 20 Minuten
Portionen: 1 Person

Zutaten:

- 250 g Kartoffeln, geschält und gewürfelt
- 2 EL natives Olivenöl extra
- 1 EL Schnittlauch, fein geschnitten
- 50 ml laktosefreie Milch
- Salz und Pfeffer zum Abschmecken
- 1 EL Petersilie, fein gehackt

Zubereitung:

1. Du setzt einen Topf mit ausreichend Wasser auf den Herd und bringst es zum Kochen. Sobald das Wasser kocht, gibst du eine Prise Salz hinein.

2. Nun fügst du die gewürfelten Kartoffeln hinzu und lässt sie etwa 15-20 Minuten kochen, bis sie weich sind.

3. Während die Kartoffeln kochen, erhitze in einer kleinen Pfanne einen EL Olivenöl. Füge den Schnittlauch hinzu und dünste ihn leicht an, bis er seinen Duft freisetzt. Nimm die Pfanne vom Herd und stelle sie beiseite.

4. Sind die Kartoffeln weich, gieße das Wasser ab und stelle den Topf zurück auf den Herd, aber diesmal auf niedrigster Stufe.

5. Füge die laktosefreie Milch und einen EL Olivenöl zu den Kartoffeln hinzu. Mit einem Kartoffelstampfer oder einer Gabel zerdrückst du die Kartoffeln zu einem feinen Püree.

6. Das angedünstete Olivenöl-Schnittlauch-Gemisch gibst du nun zum Püree hinzu und verrührst alles gut miteinander.

7. Mit Salz und Pfeffer würzt du das Püree nach deinem Geschmack.

8. Serviere das Püree in einer Schüssel oder auf einem Teller und bestreue es zum Schluss mit der fein gehackten Petersilie. Guten Hunger!

Rosmarin-Kartoffeln

Zubereitungszeit: 30 Minuten
Portionen: 1 Person

Zutaten:

- 3 mittelgroße Kartoffeln, gewaschen und in Spalten geschnitten
- 2 EL natives Olivenöl extra
- 1 TL frischer Rosmarin, fein gehackt
- 1/2 TL Salz
- 1/4 TL Pfeffer
- 1 TL Schnittlauch, fein gehackt
- 1 EL Petersilie, fein gehackt

Zubereitung:

1. Den Ofen auf 200 Grad vorheizen.
2. Die Kartoffelspalten in einer Schüssel mit Olivenöl, Rosmarin, Salz und Pfeffer gut vermischen, bis alle Kartoffelspalten gleichmäßig mit der Marinade bedeckt sind.
3. Die marinierten Kartoffelspalten auf ein mit Backpapier ausgelegtes Backblech legen und sicherstellen, dass sie nicht übereinander liegen.
4. Die Kartoffeln im vorgeheizten Ofen etwa 20-25 Minuten backen, bis sie goldbraun und knusprig sind. Einmal während des Backens wenden, damit sie gleichmäßig garen.
5. Die Rosmarin-Kartoffeln aus dem Ofen nehmen und auf einem Teller anrichten. Mit fein gehacktem Schnittlauch und Petersilie garnieren.

Quinoa mit Cranberrys

Zubereitungszeit: 25 Minuten
Portionen: 1 Person

Zutaten:

- 50 g Quinoa, gut gespült
- 125 ml Wasser
- 1 EL natives Olivenöl extra
- 1 kleine Karotte, gewürfelt
- 50 g Zucchini, gewürfelt
- 30 g Cranberrys, frisch
- 1 EL Petersilie, fein gehackt
- 1 TL Schnittlauch, fein gehackt
- Salz und Pfeffer nach Geschmack
- 1 TL Bio-Zitronensaft, frisch gepresst
- 1 EL Kürbiskerne

Zubereitung:

1. In einem kleinen Topf das Wasser zum Kochen bringen. Den gut gespülten Quinoa hinzugeben und leicht salzen. Den Quinoa nach Packungsanweisung etwa 15 Minuten köcheln lassen, bis er gar ist und das Wasser absorbiert hat.

2. Während der Quinoa kocht, das Olivenöl in einer Pfanne erhitzen. Die gewürfelte Karotte und Zucchini darin etwa 5 Minuten dünsten, bis sie weich sind.

3. Die Cranberrys zu den Gemüsewürfeln in die Pfanne geben und weitere 2-3 Minuten mitdünsten.

4. Den gekochten Quinoa zur Pfanne hinzufügen und alles gut vermengen. Mit Salz, Pfeffer und Zitronensaft abschmecken.

5. Zum Schluss mit fein gehackter Petersilie, Schnittlauch und Kürbiskernen bestreuen.

Gedämpfter Brokkoli

Zubereitungszeit: 15 Minuten
Portionen: 1 Person

Zutaten:

- 150 g Brokkoli, in kleine Röschen geteilt
- 1 Bio-Zitrone, Abrieb und Saft
- 1 EL natives Olivenöl extra
- Eine Prise Salz
- Eine Prise Pfeffer
- 1 EL Petersilie, fein gehackt
- 1 TL Chia-Samen (nicht mehr als 2 EL pro Tag)

Zubereitung:

1. Bringe in einem Topf Wasser zum Kochen und setze einen Dämpfeinsatz darüber. Der Dämpfeinsatz sollte das Wasser nicht berühren.
2. Gib die Brokkoli-Röschen in den Dämpfeinsatz und decke ihn mit einem Deckel ab. Lass den Brokkoli etwa 5-7 Minuten dämpfen, bis er bissfest ist.
3. Während der Brokkoli dämpft, mische in einer kleinen Schüssel den Zitronenabrieb, den Zitronensaft, das Olivenöl, Salz und Pfeffer. Rühre alles gut um.
4. Nimm den Brokkoli aus dem Dämpfeinsatz und gebe ihn in eine Schüssel.
5. Übergieße den Brokkoli mit der Zitronen-Olivenöl-Mischung und vermische alles gut miteinander.
6. Bestreue den Brokkoli mit der gehackten Petersilie und den Chia-Samen. Fertig.

Röstgemüse

Zubereitungszeit: 30 Minuten
Portionen: 1 Person

Zutaten:

- 2 mittelgroße Karotten, gewaschen und in Stifte geschnitten
- 1/2 Zucchini, gewaschen und in Halbmonde geschnitten
- 4-5 Brokkoliröschen, gewaschen
- 1/4 rote Paprika, gewaschen und in Streifen geschnitten
- 1 EL natives Olivenöl extra
- 2 TL frischer Thymian, gehackt
- Salz und Pfeffer nach Geschmack
- 1 EL Petersilie, fein gehackt (zum Garnieren)

Zubereitung:

1. Heize deinen Ofen auf 200 Grad vor.
2. In einer großen Schüssel Karotten, Zucchini, Brokkoli und Paprika mit dem Olivenöl vermengen, bis das Gemüse gut bedeckt ist.
3. Füge den gehackten Thymian hinzu und würze das Gemüse mit Salz und Pfeffer. Vermische alles erneut gründlich.
4. Lege ein Backblech mit Backpapier aus und verteile das Gemüse gleichmäßig darauf.
5. Röste das Gemüse im vorgeheizten Ofen für etwa 20-25 Minuten oder bis es zart und leicht gebräunt ist. Wende das Gemüse nach der Hälfte der Garzeit, damit es gleichmäßig röstet.
6. Nimm das Gemüse aus dem Ofen und lasse es kurz ruhen.
7. Zum Schluss mit gehackter Petersilie garnieren. Guten Appetit!

Erbsen-Mais-Pfanne

Zubereitungszeit: 15 Minuten
Portionen: 1 Person

Zutaten:

- 100 g Erbsen, frisch oder gefroren
- 100 g Mais, aus der Dose, gut abgetropft
- 1 TL natives Olivenöl extra
- 1 kleine Karotte, gewürfelt
- 1/4 Zucchini, gewürfelt
- 1/2 rote Paprika, gewürfelt
- 2 TL frischer Schnittlauch, fein gehackt
- Salz und Pfeffer nach Geschmack
- 1 TL frische Petersilie, fein gehackt

Zubereitung:

1. Erhitze das Olivenöl in einer Pfanne bei mittlerer Hitze. Füge die gewürfelte Karotte hinzu und dünste sie etwa 3 Minuten, bis sie leicht weich wird.

2. Gib den Mais und die Erbsen in die Pfanne und brate sie weitere 3 Minuten mit.

3. Nun kommen die Zucchini und die rote Paprika hinzu. Dünste alles zusammen für weitere 5 Minuten, bis das Gemüse bissfest ist.

4. Würze das Gemüse mit Salz und Pfeffer. Streue den frischen Schnittlauch und die Petersilie darüber.

5. Gut umrühren, damit sich die Gewürze und Kräuter gleichmäßig verteilen. Noch kurz auf der Pfanne lassen, bis alles gut durchgewärmt ist.

6. Die Pfanne vom Herd nehmen und den Inhalt auf einen Teller geben. Guten Appetit.

Gurkensalat mit Dill

Zubereitungszeit: 15 Minuten
Portionen: 1 Person

Zutaten:

- 1 mittelgroße Gurke, gewaschen und in dünne Scheiben geschnitten
- 1 TL frischer Dill, fein gehackt
- 1 EL natives Olivenöl extra
- Saft einer halben Bio-Zitrone
- Salz und Pfeffer nach Geschmack
- 1 EL Feta, gewürfelt
- 1 EL Kürbiskerne

Zubereitung:

1. Schneide die Gurke in dünne Scheiben und gib sie in eine Schüssel.
2. Füge den frisch gehackten Dill hinzu.
3. In einer kleinen Schale mische Olivenöl und den Zitronensaft. Schmecke die Mischung mit Salz und Pfeffer ab.
4. Gieße das Dressing über die Gurkenscheiben und vermische alles gut.
5. Lass den Salat für mindestens 10 Minuten ziehen.
6. Zum Schluss garniere den Salat mit Feta-Würfeln und Kürbiskernen.

Tomaten-Spinat-Gratin

Zubereitungszeit: 30 Minuten
Portionen: 1 Person

Zutaten:

- 150 g Tomaten, in Scheiben geschnitten
- 100 g frischer Spinat, gewaschen und grob gehackt
- 50 g Feta, zerbröselt
- 1 EL natives Olivenöl extra
- 1 EL frischer Schnittlauch, fein gehackt
- 1 TL Rosmarin, fein gehackt
- 2 EL laktosefreie Sahne
- Salz und Pfeffer nach Geschmack
- 2 EL geriebener Parmesan
- 2 EL glutenfreie Semmelbrösel (z.B. aus Hafer)

Zubereitung:

1. Den Ofen auf 180 Grad vorheizen.

2. In einer mittelgroßen Pfanne das Olivenöl erhitzen. Den Spinat hinzufügen und 2-3 Minuten dünsten, bis er leicht zusammengefallen ist. Salz und Pfeffer nach Geschmack hinzufügen.

3. Eine kleine Auflaufform mit etwas Olivenöl einpinseln. Eine Schicht Tomatenscheiben auf dem Boden der Form auslegen.

4. Den gedünsteten Spinat gleichmäßig über die Tomatenscheiben verteilen und den zerbröselten Feta darüberstreuen.

5. Die restlichen Tomatenscheiben darauf legen und die laktosefreie Sahne gleichmäßig darüber gießen.

6. In einer kleinen Schüssel den Parmesan, die Semmelbrösel, den Schnittlauch und den Rosmarin vermengen. Diese Mischung gleichmäßig über die Tomatenscheiben streuen.

7. Das Gratin in den Ofen schieben und 20 Minuten backen, bis die Oberfläche goldbraun und knusprig ist.

8. Aus dem Ofen nehmen und kurz abkühlen lassen. Guten Appetit.

Süßkartoffel-Pommes

Zubereitungszeit: 35 Minuten
Portionen: 1 Person

Zutaten:

- 1 mittelgroße Süßkartoffel, geschält und in Stifte geschnitten
- 2 EL natives Olivenöl extra
- Salz und Pfeffer nach Geschmack
- 1 TL Paprikapulver
- 2 EL Erdnüsse, grob gehackt
- 50 ml Kokosmilch
- 1 TL Ahornsirup
- 1 TL Limettensaft von einer Bio-Limette

Zubereitung:

1. Heize deinen Ofen auf 200 Grad vor.

2. Vermenge in einer Schüssel die Süßkartoffelstifte mit Olivenöl, Salz, Pfeffer und Paprikapulver, sodass alle Stifte gut gewürzt sind.

3. Breite die gewürzten Süßkartoffelstifte auf einem mit Backpapier ausgelegten Backblech aus. Achte darauf, dass sie nicht übereinander liegen.

4. Backe die Süßkartoffelstifte im vorgeheizten Ofen für ca. 25 Minuten oder bis sie goldbraun und knusprig sind. Wende sie nach der Hälfte der Backzeit.

5. Während die Pommes backen, bereitest du den Dip vor: Vermische in einer kleinen Schüssel Kokosmilch, Ahornsirup und Limettensaft.

6. Gib die grob gehackten Erdnüsse hinzu und rühre gut um.

7. Wenn die Süßkartoffel-Pommes fertig sind, nimm sie aus dem Ofen und lasse sie kurz abkühlen.

8. Serviere die Pommes mit dem Erdnuss-Kokos-Dip. Lass es dir schmecken.

Gebratener Pak Choi

Zubereitungszeit: 15 Minuten
Portionen: 1 Person

Zutaten:

- 1 mittelgroßer Pak Choi, gewaschen und halbiert
- 1 TL natives Olivenöl extra
- 1 TL frischer Ingwer, fein gehackt
- 50 ml Bio-Orangensaft, frisch
- 1 TL Zitronengras, fein gehackt
- 1 EL Petersilie, fein gehackt
- 1 TL Chiliflocken oder nach Geschmack
- Salz und Pfeffer nach Geschmack

Zubereitung:

1. In einer großen Pfanne das Olivenöl auf mittlerer Hitze erwärmen.
2. Den fein gehackten Ingwer und das Zitronengras in die Pfanne geben und kurz anbraten, bis sie duftend sind.
3. Den Pak Choi mit der Schnittseite nach unten in die Pfanne legen. Etwa 3-4 Minuten braten, bis die Unterseite leicht gebräunt ist.
4. Den Pak Choi wenden und den frischen Orangensaft dazu gießen.
5. Den Pak Choi weitere 3-4 Minuten braten, dabei immer wieder mit dem Orangensaft übergießen.
6. Mit Salz, Pfeffer und Chiliflocken würzen.
7. Den gebratenen Pak Choi auf einen Teller legen und mit der fein gehackten Petersilie bestreuen. Guten Appetit.

Snacks

Erdnussbutter-Bananen-Sandwich

Zubereitungszeit: 10 Minuten
Portionen: 1 Person

Zutaten:

- 2 Scheiben glutenfreies Brot
- 2 EL Erdnussbutter (ohne Zusatzstoffe)
- 1 unreife Banane, in dünne Scheiben geschnitten
- 1 TL Ahornsirup
- Eine Prise Salz
- Ein Spritzer frisch gepresster Bio-Orangensaft

Zubereitung:

1. Die beiden Brotscheiben toasten, bis sie goldbraun sind.

2. Während das Brot toastet, die Erdnussbutter mit Ahornsirup und Salz in einer kleinen Schale vermengen.

3. Die Mischung auf eine der getoasteten Brotscheiben streichen.

4. Die Bananenscheiben darauf gleichmäßig verteilen.

5. Den Spritzer Orangensaft über die Bananenscheiben träufeln.

6. Die zweite Brotscheibe oben auflegen, leicht andrücken und das Sandwich halbieren. Fertig.

Melonen-Spieße

Zubereitungszeit: 15 Minuten
Portionen: 1 Person

Zutaten:

- 150 g Cantaloupe-Melone, in Würfel geschnitten
- 150 g Honigmelone, in Würfel geschnitten
- 10 Erdbeeren, gewaschen und geviertelt
- 10 Blätter Minze, gewaschen
- 1 Bio-Zitrone, Saft ausgepresst
- 1 EL Ahornsirup
- 1 Prise Salz
- 10 kleine Holzspieße

Zubereitung:

1. Nimm eine Schüssel und vermische den frisch gepressten Zitronensaft, Ahornsirup und eine Prise Salz miteinander. Rühre gut um, bis sich alles gut vermischt hat.

2. Schneide die Cantaloupe- und Honigmelonen in gleichmäßige Würfel. Die Erdbeeren waschen, den Strunk entfernen und je nach Größe halbieren oder vierteln.

3. Fädele abwechselnd einen Melonenwürfel, eine Erdbeere und ein Minzblatt auf einen Holzspieß. Wiederhole diesen Schritt, bis alle Zutaten aufgebraucht sind.

4. Tränke die Melonen-Spieße vorsichtig mit der Zitronen-Ahornsirup-Mischung. Lass sie kurz marinieren, damit sie den Geschmack annehmen.

5. Die Spieße am besten frisch und gekühlt servieren.

Gefüllte Eier mit Schnittlauch

Zubereitungszeit: 20 Minuten
Portionen: 1 Person

Zutaten:

- 1 Bio-Ei
- 1 TL natives Olivenöl extra
- 1 TL laktosefreier Joghurt
- 1 TL frischer Schnittlauch, fein gehackt
- 1 Prise Paprikapulver
- Salz und Pfeffer nach Geschmack
- Einige Blätter Rucola Salat zur Garnierung

Zubereitung:

1. Bringe Wasser in einem kleinen Topf zum Kochen. Sobald das Wasser kocht, lege vorsichtig das Ei hinein und koche es für 10 Minuten.

2. Nachdem das Ei gekocht ist, nimm es heraus und leg es in eine Schüssel mit kaltem Wasser, um den Kochprozess zu stoppen.

3. Sobald das Ei kalt ist, schäle es und halbiere es längs.

4. Entferne vorsichtig das Eigelb und gib es in eine kleine Schüssel.

5. Füge Olivenöl, laktosefreien Joghurt, die Hälfte des Schnittlauchs, Paprikapulver, Salz und Pfeffer zum Eigelb hinzu. Vermische alles gut, bis eine cremige Masse entsteht.

6. Fülle die Eiweißhälften mit dieser Mischung.

7. Garniere mit dem restlichen Schnittlauch und setze die gefüllten Eier auf ein paar Rucola-Blätter. Guten Appetit.

Avocado-Dip mit Tortilla-Chips

Zubereitungszeit: 15 Minuten
Portionen: 1 Person

Zutaten:

- 1/2 Avocado, gewürfelt
- 1 kleine Bio-Zitrone, Saft und etwas Abrieb
- 1 TL natives Olivenöl extra
- 1/4 unreife Banane, in kleine Stücke geschnitten
- 1 TL frischer Ingwer, gerieben
- 1 TL Petersilie, fein gehackt
- 1 Prise Salz
- 1 Prise Pfeffer
- 50 g Tortilla-Chips (glutenfrei)

Zubereitung:

1. Die Avocado in eine Schüssel geben und mit einer Gabel grob zerdrücken.

2. Den Saft und den Abrieb der Bio-Zitrone, Olivenöl, Ingwer und die unreife Banane zur Avocado hinzufügen. Alles gut vermischen, bis eine cremige Konsistenz erreicht ist.

3. Die Petersilie untermischen und mit Salz und Pfeffer abschmecken.

4. Den Avocado-Dip in eine Servierschüssel geben und mit den Tortilla-Chips servieren.

Heidelbeer-Joghurt mit Chia-Samen

Zubereitungszeit: 15 Minuten
Portionen: 1 Person

Zutaten:

- 200 g laktosefreier Joghurt
- 50 g Heidelbeeren, gewaschen
- 1,5 EL Chia-Samen (nicht mehr als 2 EL pro Tag)
- 1 EL Ahornsirup
- 1/2 unreife Banane, in Scheiben geschnitten
- Eine Prise frischer Ingwer, gerieben
- Ein paar Minzblätter, gewaschen und fein gehackt
- 1 EL Kürbiskerne

Zubereitung:

1. In einer Schüssel den laktosefreien Joghurt mit dem Ahornsirup vermengen, bis es gut durchmischt ist.

2. Die Chia-Samen hinzufügen und gut umrühren. Lass die Mischung etwa 10 Minuten stehen, damit die Chia-Samen quellen können.

3. Während die Chia-Samen quellen, kannst du die Bananenscheiben und die Heidelbeeren vorbereiten.

4. Nach den 10 Minuten füge die Heidelbeeren und die Bananenscheiben zur Joghurt-Chia-Mischung hinzu.

5. Reibe ein wenig frischen Ingwer über die Schüssel und rühre ihn vorsichtig unter.

6. Als letzten Schritt streue die Kürbiskerne darüber und garniere mit den fein gehackten Minzblättern.

Oliven-Mozzarella-Sticks

Zubereitungszeit: 20 Minuten
Portionen: 1 Person

Zutaten:

- 5 große grüne Oliven, entsteint und halbiert
- 50 g laktosefreier Mozzarella, in 5 Stücke geschnitten
- 1 EL natives Olivenöl extra
- 1 TL gehackte Petersilie
- 1 EL Maisstärke
- 1 Bio-Ei, verquirlt
- 50 g glutenfreies Brot, zu Bröseln verarbeitet
- Eine Prise Paprikapulver
- Salz und Pfeffer

Zubereitung:

1. Beginne damit, die Olivenhälften mit den Mozzarellastücken zu füllen. Drücke die Mozzarellastücke vorsichtig in das Loch der Olive.

2. In einer flachen Schale die Maisstärke mit einer Prise Salz und Pfeffer vermischen. In einer zweiten Schale das verquirlte Ei bereitstellen. Und in einer dritten Schale die Brotbrösel mit dem Paprikapulver und der gehackten Petersilie vermengen.

3. Tauche nun jede gefüllte Olive erst in die Maisstärke, dann ins Ei und zuletzt in die Brotbrösel-Mischung. Stelle sicher, dass sie rundum gut bedeckt sind.

4. Erhitze das Olivenöl in einer kleinen Pfanne bei mittlerer Hitze. Wenn das Öl heiß ist, lege die panierten Oliven vorsichtig in die Pfanne und brate sie von allen Seiten goldbraun an.

5. Die fertigen Sticks auf einem Teller anrichten und servieren.

Paprika-Streifen mit Hummus

Zubereitungszeit: 15 Minuten
Portionen: 1 Person

Zutaten:

- 1 rote Paprika, gewaschen und in lange Streifen geschnitten
- 1 gelbe Paprika, gewaschen und in lange Streifen geschnitten
- 100 g Kichererbsen aus der Dose, gut abgetropft
- 1 EL natives Olivenöl extra
- 1 TL Zitronensaft von einer frischen Bio-Zitrone
- Eine Prise Paprikapulver
- Salz und Pfeffer nach Geschmack
- 1 TL frisch gehackte Petersilie
- 1 TL gehackter Schnittlauch
- 1 EL laktosefreier Joghurt (optional)

Zubereitung:

1. Die Kichererbsen in einer Schüssel mit dem Olivenöl, Zitronensaft, Paprikapulver, Salz und Pfeffer geben. Nun mit einer Gabel gut zerdrücken, bis ein grober Hummus entsteht. Wenn du eine sehr cremige Konsistenz bevorzugst, kannst du noch einen EL laktosefreien Joghurt hinzufügen und alles gut verrühren.

2. Die frische Petersilie und den Schnittlauch zum Hummus geben und alles gut unterheben. Nochmals abschmecken und bei Bedarf nachwürzen.

3. Den fertigen Hummus in eine kleine Schale geben und die Paprikastreifen daneben anrichten.

Gurkenrollen mit Frischkäse

Zubereitungszeit: 15 Minuten
Portionen: 1 Person

Zutaten:

- 1 Gurke, in dünne Streifen geschnitten
- 50 g Hüttenkäse
- 1 EL Petersilie, fein gehackt
- 1 EL Schnittlauch, fein geschnitten
- Salz und Pfeffer zum Abschmecken
- 1 TL natives Olivenöl extra
- Einige Spinatblätter
- 1 EL Kürbiskerne

Zubereitung:

1. Die Gurke mit Hilfe eines Gemüseschälers in dünne längliche Streifen schneiden.

2. In einer kleinen Schüssel den Hüttenkäse mit Petersilie, Schnittlauch und Olivenöl vermischen. Mit Salz und Pfeffer nach Belieben abschmecken.

3. Eine dünne Schicht der Hüttenkäse-Mischung auf einen Gurkenstreifen verteilen. Ein oder zwei Spinatblätter darauflegen und einige Kürbiskerne darüberstreuen.

4. Den Gurkenstreifen vorsichtig von einem Ende zum anderen aufrollen, sodass die Füllung gut eingepackt ist.

5. Den Vorgang mit den restlichen Gurkenstreifen wiederholen, bis alle gefüllt sind.

6. Zum Schluss die Gurkenrollen auf einem Teller anrichten.

Fruchtjoghurt mit Kiwi

Zubereitungszeit: 10 Minuten
Portionen: 1 Person

Zutaten:

- 150 g laktosefreier Joghurt
- 1 Kiwi, geschält und gewürfelt
- 50 g Ananas, gewürfelt
- 50 g Heidelbeeren
- 1 EL Ahornsirup
- 1 TL frisch gepresster Bio-Zitronensaft
- 1 EL Chia-Samen (nicht mehr als 2 EL pro Tag)

Zubereitung:

1. Nimm eine Schüssel zur Hand und gib den laktosefreien Joghurt hinein.

2. Füge den Ahornsirup und den Zitronensaft hinzu. Rühre alles gut durch, bis es eine gleichmäßige Konsistenz hat.

3. Schneide die Kiwi und die Ananas in kleine Würfel und gib sie in die Schüssel.

4. Füge nun auch die Heidelbeeren hinzu und mische alles vorsichtig.

5. Zum Schluss streue die Chia-Samen über deinen Fruchtjoghurt.

6. Lass den Joghurt für ca. 5 Minuten stehen, damit die Chia-Samen etwas aufquellen können.

7. Rühre nochmals durch und fertig ist dein selbstgemachter Fruchtjoghurt.

Gebackene Bananenchips

Zubereitungszeit: 25 Minuten
Portionen: 1 Person

Zutaten:

- 2 Unreife Bananen, in dünne Scheiben geschnitten
- 1 EL natives Olivenöl extra
- Eine Prise Salz
- 1 TL Ahornsirup
- 1/2 TL Zitronensaft von einer Bio-Zitrone

Zubereitung:

1. Heize deinen Ofen auf 150 Grad vor.

2. Die Bananenscheiben in einer großen Schüssel geben. Olivenöl, Salz, Ahornsirup und Zitronensaft hinzufügen. Vorsichtig umrühren, bis alle Bananenscheiben gut beschichtet sind.

3. Ein Backblech mit Backpapier auslegen und die Bananenscheiben gleichmäßig darauf verteilen, sodass sie sich nicht überlappen.

4. Im vorgeheizten Ofen für 20-25 Minuten backen, bis die Bananenchips knusprig und goldbraun sind. Während des Backens mehrmals wenden, um sicherzustellen, dass sie gleichmäßig gebacken werden.

5. Aus dem Ofen nehmen und vollständig abkühlen lassen. Die Bananenchips werden beim Abkühlen noch knuspriger.

6. Am besten in einer luftdichten Schale aufbewahren.

Desserts

Panna Cotta mit Himbeersoße

Zubereitungszeit: 20 Minuten + mindestens 2 Stunden Kühlzeit
Portionen: 1 Person

Zutaten:

- 150 ml laktosefreie Sahne
- 1 TL Gelatinepulver oder 1 Blatt Gelatine
- 20 ml Ahornsirup
- 1 Bio-Zitrone, nur der Abrieb
- 50 g Himbeeren, frisch
- 1 TL Zucker
- Ein kleines Stück Ingwer, geschält und gerieben
- Ein Spritzer frischer Bio-Orangensaft

Zubereitung:

1. In einem kleinen Topf die laktosefreie Sahne zusammen mit dem Ahornsirup und dem Abrieb der Bio-Zitrone erwärmen. Achte darauf, dass die Sahne nicht kocht, du möchtest sie nur heiß werden lassen.

2. Während die Sahne erhitzt wird, die Gelatine nach Packungsanweisung vorbereiten. Wenn du Gelatinepulver verwendest, weiche es in einem kleinen Schälchen mit etwas kaltem Wasser für einige Minuten ein.

3. Die aufgelöste Gelatine zur warmen Sahne-Mischung geben und gut verrühren, bis sich die Gelatine vollständig aufgelöst hat.

4. Die Mischung in ein Dessertglas oder eine kleine Form gießen und für mindestens 2 Stunden in den Kühlschrank stellen, bis die Panna Cotta fest geworden ist.

5. Für die Himbeersoße die Himbeeren in einen kleinen Topf geben und mit Zucker, geriebenem Ingwer und einem Spritzer Orangensaft erhitzen. Lass die Mischung köcheln, bis die Himbeeren zerfallen sind und die Soße leicht eingedickt ist.

6. Die Himbeersoße durch ein feines Sieb streichen, um die Kerne zu entfernen, und abkühlen lassen.

7. Sobald die Panna Cotta fest ist, mit der Himbeersoße übergießen.

Kokosmilch-Eis mit Mango

Zubereitungszeit: 15 Minuten + mindestens 2 Stunden Gefrierzeit
Portionen: 1 Person

Zutaten:

- 200 ml Kokosmilch
- 1/2 unreife Banane, in Scheiben geschnitten
- 1/2 Kiwi, geschält und gewürfelt
- 1 TL Ahornsirup
- 1 EL frisch gepresster Bio-Orangensaft
- 1 TL Bio-Limettensaft
- 1 TL Chia-Samen (nicht mehr als 2 EL pro Tag)
- 50 g Mango, gewürfelt

Zubereitung:

1. Nimm die Kokosmilch und stelle sicher, dass sie gut durchmischt ist. Wenn sie sich getrennt hat, schüttle oder rühre sie gut um, bis sie eine gleichmäßige Konsistenz hat.

2. In einer Schüssel die Kokosmilch mit dem Ahornsirup, Orangensaft und Limettensaft vermengen. Probiere die Mischung und passe die Süße nach Bedarf an.

3. Füge die Chia-Samen hinzu und rühre gut um. Die Samen werden beginnen zu quellen und der Mischung eine leicht gelartige Konsistenz geben. Dies hilft, das Eis cremiger zu machen.

4. Die Bananenscheiben und Kiwiwürfel in die Kokosmilchmischung geben und gut verrühren.

5. Die Mischung in eine gefriergeeignete Schale oder einen Behälter geben und für mindestens 4 Stunden oder über Nacht einfrieren. Während der ersten 2 Stunden jede halbe Stunde umrühren, um Eiskristalle zu verhindern und das Eis cremiger zu machen.

6. Wenn du bereit bist, das Eis zu servieren, nimm es aus dem Gefrierfach und lasse es etwa 10 Minuten stehen, damit es sich leichter portionieren lässt.

7. Zum Schluss mit Mango-Würfeln garnieren.

Mandel-Kuchen mit Orangensoße

Zubereitungszeit: 25 Minuten
Portionen: 1 Person

Zutaten:

- Für den Kuchen:
- 40 g glutenfreies Getreide (z.B. Maismehl)
- 1 Bio-Ei
- 20 ml laktosefreie Milch
- 10 g Zucker
- 1 TL Backpulver
- 1 TL natives Olivenöl extra
- Für die Soße:
- Saft von 1 Bio-Orange (etwa 50 ml)
- 10 g Zucker
- 1 TL natives Olivenöl extra

Zubereitung:

1. Heize deinen Ofen auf 180 Grad vor.
2. In einer Schüssel das Maismehl, Ei, laktosefreie Milch, Zucker, Backpulver und Olivenöl vermengen. Rühre die Mischung, bis sie glatt ist.
3. Gieße den Teig in eine kleine, eingefettete Backform.
4. Backe den Kuchen im Ofen für etwa 15-20 Minuten oder bis er fest und goldbraun ist.
5. Während der Kuchen backt, mache die Orangensoße. In einem kleinen Topf den Orangensaft, Zucker und Olivenöl vermengen. Bei mittlerer Hitze kochen, bis sich der Zucker aufgelöst hat und die Soße etwas eingedickt ist.
6. Den fertigen Kuchen aus dem Ofen nehmen und kurz abkühlen lassen. Dann vorsichtig aus der Form nehmen und auf einen Teller geben.
7. Gieße die warme Orangensoße über den Kuchen. Lass es dir schmecken.

Schokoladen-Mousse

Zubereitungszeit: 15 Minuten
Portionen: 1 Person

Zutaten:

- 1 reife Avocado (mittelgroß), geschält und entkernt
- 2 TL Kakaopulver
- 2 TL Ahornsirup
- 1 TL Vanilleextrakt
- 3 EL laktosefreie Milch
- Eine Prise Salz
- Einige frische Erdbeeren zum Garnieren

Zubereitung:

1. Nimm die geschälte und entkernte Avocado und gebe sie in eine Schüssel.

2. Füge das Kakaopulver, Ahornsirup, Vanilleextrakt und eine Prise Salz hinzu.

3. Mische alles mit einem Handmixer oder einer Küchenmaschine zu einer cremigen Masse.

4. Je nach gewünschter Konsistenz kannst du laktosefreie Milch hinzufügen, um die Mousse etwas flüssiger zu machen. Beginne mit einem EL und füge nach Bedarf mehr hinzu.

5. Abschmecken und bei Bedarf noch etwas Ahornsirup hinzufügen.

6. Das Mousse in eine Dessertschale geben und für etwa eine Stunde in den Kühlschrank stellen.

7. Vor dem Servieren mit einigen frischen Erdbeeren garnieren. Guten Appetit.

Ananas-Granita

Zubereitungszeit: 15 Minuten + Gefrierzeit
Portionen: 1 Person

Zutaten:

- 200 g Ananas, gewürfelt und tiefgefroren
- 2 TL Ahornsirup
- 1 TL frischer Limettensaft von einer Bio-Limette
- Ein kleines Stück Ingwer (ca. 1 cm), fein gerieben
- Einige frische Minzblätter zur Garnierung

Zubereitung:

1. Die gewürfelte Ananas aus dem Gefrierschrank nehmen und etwa 5 Minuten antauen lassen, damit sie sich leichter zerkleinern lässt.

2. Ananasstücke, Ahornsirup, Limettensaft und geriebenen Ingwer in einen leistungsstarken Mixer oder eine Küchenmaschine geben.

3. Mische alles, bis du eine gleichmäßige, aber noch körnige Konsistenz erhältst. Falls nötig, kannst du während des Mischens mit einem Spatel nachhelfen, um sicherzustellen, dass alle Stücke zerkleinert werden.

4. Die Masse in eine flache, gefrierfeste Schale füllen und glatt streichen.

5. Die Schale für mindestens 3 Stunden oder bis zur völligen Festigkeit in den Gefrierschrank stellen.

6. Kurz vor dem Servieren die Granita mit einer Gabel auflockern, um feine Eiskristalle zu erhalten.

7. Die Granita in eine Schale geben und mit Minzblättern garnieren.

Laktosefreies Schokoladenfondue

Zubereitungszeit: 15 Minuten
Portionen: 1 Person

Zutaten:

- 60 g milchfreie Schokolade, grob gehackt
- 60 ml laktosefreie Sahne
- 1 TL Ahornsirup
- 1 TL Kokosnussöl
- Eine Prise Salz
- Frische Früchte zum Eintauchen (z.B. Erdbeeren, Ananas, Sternfrucht, Kiwi und Cantaloupe-Melone), gewaschen und in mundgerechte Stücke geschnitten
- Einige Kürbiskerne, optional

Zubereitung:

1. In einem kleinen Topf die laktosefreie Sahne und das Kokosnussöl bei mittlerer Hitze erwärmen, aber nicht zum Kochen bringen.

2. Sobald die Sahne warm ist, die milchfreie Schokolade hinzufügen und stetig rühren, bis sie vollständig geschmolzen ist.

3. Ahornsirup und eine Prise Salz hinzufügen und gut umrühren, bis alles gut vermischt ist und eine glatte, glänzende Konsistenz erreicht ist.

4. Das fertige Schokoladenfondue in eine Schale oder einen kleinen Fonduetopf gießen.

5. Die vorbereiteten Früchte und optional die Kürbiskerne bereitlegen.

6. Mit Fonduegabeln oder Spießen die Früchte in die Schokolade tauchen.

Kokos-Joghurt mit Honig

Zubereitungszeit: 10 Minuten
Portionen: 1 Person

Zutaten:

- 200 ml laktosefreier Joghurt
- 50 ml Kokosmilch
- 1 TL Ahornsirup
- 1 TL frisch gepresster Bio-Zitronensaft
- 5 Erdbeeren, gewaschen und in Scheiben geschnitten
- 1 EL Heidelbeeren, gewaschen
- 1 EL Kürbiskerne
- 1 TL Honig zum Beträufeln

Zubereitung:

1. Nimm eine Schüssel und gib laktosefreien Joghurt und Kokosmilch hinein. Mit einem Löffel gut vermischen, bis eine cremige Konsistenz erreicht ist.

2. Füge den Ahornsirup und Zitronensaft hinzu und rühre erneut gut um.

3. Die Erdbeerscheiben am Rand der Schüssel anordnen, sodass sie ein schönes Muster bilden. Heidelbeeren in die Mitte setzen.

4. Über die Früchte und den Joghurt die Kürbiskerne streuen.

5. Zum Schluss das Dessert mit einem Teelöffel Honig beträufeln.

Gelee aus Passionsfrucht

Zubereitungszeit: 25 Minuten
Portionen: 1 Person

Zutaten:

- 2 reife Passionsfrüchte, Fruchtfleisch herausgekratzt
- 50 ml frischer Orangensaft einer Bio-Orangen
- 1 TL Ahornsirup, optional, je nach gewünschter Süße
- 1 TL Gelatine

Zubereitung:

1. In einem kleinen Topf den Orangensaft erwärmen, aber nicht kochen lassen.

2. Ahornsirup zum Orangensaft geben und gut verrühren.

3. Die Gelatine nach Packungsanweisung einweichen. Nachdem sie eingeweicht ist, ausdrücken und zum warmen Orangensaft hinzufügen. Gut verrühren, bis sich die Gelatine komplett aufgelöst hat.

4. Das Fruchtfleisch der Passionsfrüchte in die Orangensaft-Mischung einrühren und gut vermischen.

5. Die Mischung in ein kleines Glas oder eine Form deiner Wahl gießen.

6. Das Gelee für mindestens 2 Stunden oder bis es fest ist in den Kühlschrank stellen.

7. Sobald das Gelee fest ist, kannst du es aus der Form stürzen oder direkt aus dem Glas genießen. Guten Appetit!

Bananen-Kuchen

Zubereitungszeit: 25 Minuten
Portionen: 1 Person

Zutaten:

- 1 unreife Banane, püriert
- 20 g Walnüsse, grob gehackt
- 60 g Haferflocken
- 1 Bio-Ei
- 30 ml Mandelmilch
- 1 TL Ahornsirup
- 1 TL Backpulver
- Eine Prise Salz
- 1/2 TL Zimt
- 1 EL Kokosöl, zum Einfetten der Backform
- 1 TL Vanilleextrakt (optional)

Zubereitung:

1. Heize deinen Backofen auf 180 Grad vor.

2. In einer Schüssel die pürierte Banane, Ahornsirup und Ei gut miteinander vermischen.

3. Füge nun die Haferflocken, Backpulver, Zimt und eine Prise Salz hinzu und rühre alles gut um, bis ein glatter Teig entsteht.

4. Gieße langsam die Mandelmilch dazu und rühre weiter, bis sie vollständig im Teig aufgenommen ist. Bei Bedarf kannst du hier den Vanilleextrakt hinzufügen, um dem Kuchen eine besondere Note zu verleihen.

5. Füge nun die gehackten Walnüsse hinzu und hebe sie vorsichtig unter den Teig.

6. Eine kleine Kuchenform (ca. 15 cm Durchmesser) mit Kokosöl einfetten. Den Teig hineingießen und gleichmäßig verteilen.

7. Stelle die Kuchenform in den vorgeheizten Backofen und backe für ca. 20 Minuten oder bis der Kuchen fest und goldbraun ist.

8. Lass den Kuchen einige Minuten abkühlen, bevor du ihn aus der Form nimmst. Guten Appetit.

Mousse au Chocolat

Zubereitungszeit: 15 Minuten
Portionen: 1 Person

Zutaten:

- 50 g milchfreie Schokolade
- 1 EL Kokosmilch
- 1 EL Ahornsirup
- 1 Bio-Ei
- 1 Prise Salz
- 1 TL Vanilleextrakt
- Einige frische Himbeeren zur Dekoration

Zubereitung:

1. Die milchfreie Schokolade in einer hitzebeständigen Schüssel über einem Wasserbad schmelzen. Dabei gelegentlich umrühren.

2. Sobald die Schokolade geschmolzen ist, Kokosmilch und Ahornsirup hinzufügen und gut vermengen.

3. Das Ei trennen. Das Eiweiß mit einer Prise Salz in einer sauberen, trockenen Schüssel steif schlagen.

4. Das Eigelb und den Vanilleextrakt zur Schokoladenmischung hinzufügen und gut vermengen.

5. Nun das steif geschlagene Eiweiß vorsichtig unter die Schokoladenmischung heben, bis alles gut vermengt ist und keine weißen Stellen mehr sichtbar sind.

6. Die Mousse in ein Glas oder eine Schale füllen und für mindestens 2 Stunden im Kühlschrank fest werden lassen.

7. Vor dem Servieren mit einigen frischen Himbeeren dekorieren.

Ernährung bei Hashimoto

Vorwort

Liebe Leserin, lieber Leser,

als Autorin und leidenschaftliche Köchin, die stets auf der Suche nach neuen, inspirierenden Ideen für die Küche ist, habe ich es mir zur Aufgabe gemacht, die Ernährung bei Hashimoto-Thyreoiditis in den Mittelpunkt zu stellen. In diesem Buch findest du daher eine Vielzahl an Rezepten, die alle eines gemeinsam haben: Sie sind liebevoll zusammengestellt, leicht nachzukochen und sie tragen dazu bei, die Symptome von Hashimoto zu lindern und das Wohlbefinden zu steigern.

Das Bewusstsein für eine gesunde Ernährung hat in den letzten Jahren enorm zugenommen und es wird immer deutlicher, dass es kaum einen besseren Weg gibt, unserem Körper Gutes zu tun, als durch eine bewusste Lebensmittelauswahl. Das Ziel dieses Buches ist es, dich auf deinem persönlichen Weg zu einem gesunden Lebensstil zu begleiten und dir zu zeigen, dass eine Ernährung, die auf Hashimoto abgestimmt ist, nicht bedeutet, dass du auf Genuss verzichten musst. Ganz im Gegenteil: Die Rezepte in diesem Buch beweisen, dass eine angepasste Ernährung und Genuss Hand in Hand gehen können.

Ich hoffe, dass du durch dieses Kochbuch die Freude am Entdecken und Ausprobieren neuer Rezepte findest. Denn am Ende des Tages geht es nicht nur darum, was wir essen, sondern auch darum, wie wir es zubereiten und genießen. Es ist die Leidenschaft, die Hingabe und die Liebe, die wir in die Zubereitung unserer Mahlzeiten stecken, die sie zu etwas Besonderem machen.

Nun wünsche ich dir viel Spaß beim Ausprobieren der Rezepte und beim Entdecken neuer Lieblingsgerichte. Möge dieses Buch dich auf deinem Weg zu einem gesunden und genussvollen Lebensstil begleiten.

Deine Carina Lehmann

Frühstück

Kokos-Hafer-Porridge mit Beeren

Zubereitungszeit: 15 Minuten
Portionen: 1 Person

Zutaten:

- 50 g glutenfreie Haferflocken
- 200 ml Kokosmilch, ungesüßt
- 1 leicht unreife Banane, in Scheiben geschnitten
- 1 EL Kokosraspel
- 1 Prise Vanille
- 1 TL Zimt
- Eine kleine Handvoll frischer Beeren (z.B. Erdbeeren, Himbeeren, Blaubeeren)
- 1 EL Mandeln, grob gehackt
- 1 TL Chiasamen

Zubereitung:

1. In einem Topf die Kokosmilch erhitzen, aber nicht zum Kochen bringen.
2. Die Haferflocken, Zimt und Vanille hinzufügen und unter ständigem Rühren 5-7 Minuten köcheln lassen, bis die Mischung eindickt und die Haferflocken weich sind.
3. Während der Porridge köchelt, die unreife Banane in Scheiben schneiden.
4. Den fertigen Hafer-Porridge in eine Schale geben.
5. Mit den Bananenscheiben, den frischen Beeren, den Kokosraspeln, gehackten Mandeln und Chiasamen garnieren. Guten Appetit.

Chia-Pfirsich-Pudding

Zubereitungszeit: 15 Minuten inkl. 3 Stunden Einweichzeit
Portionen: 1 Person

Zutaten:

- 2 EL Chiasamen
- 1 mittelgroßer Pfirsich, gewürfelt
- 200 ml Hafermilch, ungesüßt
- 1 TL Vanille
- 1 TL Kokosraspel
- 1 EL Honig oder Ahornsirup
- 1 Handvoll Beeren (z.B. Erdbeeren oder Himbeeren)
- Eine Prise Zimt

Zubereitung:

1. Nimm eine Schüssel und gebe die Chiasamen hinein.
2. Füge die Hafermilch und Vanille hinzu und verrühre alles gut miteinander.
3. Lasse die Mischung für ca. 3 Stunden oder über Nacht im Kühlschrank quellen, bis ein Pudding-ähnlicher Zustand entsteht.
4. In der Zwischenzeit wasche den Pfirsich, entferne den Kern und würfle ihn.
5. Nach der Einweichzeit nimm die Schüssel aus dem Kühlschrank und füge den gewürfelten Pfirsich, die Kokosraspel und eine Prise Zimt hinzu.
6. Rühre alles gut durch und Süße mit Honig oder Ahornsirup nach deinem Geschmack.
7. Gib den Pudding in eine Schale oder ein Glas und garniere ihn mit den Beeren deiner Wahl.

Buchweizen-Pfannkuchen mit Himbeerpüree

Zubereitungszeit: 20 Minuten
Portionen: 1 Person

Zutaten:

- 100 g Buchweizenmehl
- 1 leicht unreife Banane, zerdrückt
- 1 Bio-Ei
- 125 ml Mandelmilch, ungesüßt
- 1 TL Kokosöl
- 1 Prise Salz
- 200 g Himbeeren, frisch
- 2 EL Walnüsse, grob gehackt
- 1 EL Kokosraspel
- Frischer Basilikum, zum Garnieren

Zubereitung:

1. In einer Schüssel das Buchweizenmehl mit der zerdrückten Banane, dem Ei und der Mandelmilch zu einem glatten Teig verrühren. Eine Prise Salz hinzufügen und alles gut vermengen.

2. Eine Pfanne auf mittlerer Hitze erwärmen und das Kokosöl darin schmelzen.

3. Pro Pfannkuchen etwa eine kleine Kelle des Teigs in die Pfanne geben und von beiden Seiten goldbraun ausbacken. Die Pfannkuchen auf einen Teller legen und warm halten.

4. Während die Pfannkuchen braten, die Himbeeren in einer separaten Schüssel mit einer Gabel zerdrücken, bis ein grobes Püree entsteht.

5. Die fertigen Pfannkuchen mit dem Himbeerpüree beträufeln.

6. Zum Schluss die gehackten Walnüsse und Kokosraspel über die Pfannkuchen streuen und mit frischem Basilikum garnieren.

Mandelmus-Aufstrich auf glutenfreiem Brot

Zubereitungszeit: 15 Minuten
Portionen: 1 Person

Zutaten:

- 2 Scheiben glutenfreies Brot
- 2 EL Mandelmus
- 5 Heidelbeeren, frisch
- 5 Erdbeeren, frisch und gewürfelt
- 1 leicht unreife Banane, in Scheiben geschnitten
- 1 TL Chiasamen
- 1 TL Kokosraspeln
- 1 TL Mandelöl
- Eine Prise Vanille

Zubereitung:

1. Toaste die glutenfreien Brotscheiben, bis sie leicht goldbraun sind.

2. Während das Brot toastet, mische das Mandelmus, Mandelöl und die Vanille in einer kleinen Schüssel, bis sie gut vermischt sind.

3. Streiche die Mandelmus-Mischung gleichmäßig auf die getoasteten Brotscheiben.

4. Verteile die Bananenscheiben gleichmäßig über das Brot.

5. Gib dann die gewürfelten Erdbeeren und Heidelbeeren darauf.

6. Zum Schluss streue Chiasamen und Kokosraspeln darüber.

Quinoa-Kokosmilch-Brei mit Kiwi

Zubereitungszeit: 20 Minuten
Portionen: 1 Person

Zutaten:

- 50 g Quinoa, gut abgespült
- 250 ml Kokosmilch, unge-
  süßt
- 1 Kiwi, geschält und in
  kleine Stücke geschnitten
- 1 EL Kokosraspel
- 1 TL Chiasamen
- Eine Prise Zimt
- 1 EL Mandeln, grob gehackt
- 1 EL Ahornsirup oder Honig
  zum Süßen (falls gewünscht)

Zubereitung:

1. Gib den gut abgespülten Quinoa zusammen mit der Kokosmilch in einen Topf und bringe alles zum Kochen.

2. Reduziere die Hitze und lasse den Quinoa für etwa 15 Minuten köcheln, bis er weich ist und die meiste Flüssigkeit aufgesogen hat. Gelegentlich umrühren, um ein Anbrennen zu verhindern.

3. Während der Quinoa köchelt, bereite die Kiwi vor und hacke die Mandeln grob.

4. Wenn der Quinoa gar ist, nimm den Topf vom Herd. Rühre die Chiasamen unter und lass den Brei noch 5 Minuten quellen.

5. Füge nun die Kiwistücke, die Kokosraspel und die Mandeln hinzu. Vermische alles gut.

6. Schmecke den Brei mit einer Prise Zimt und Ahornsirup oder Honig ab, falls du es etwas süßer magst.

Himbeer-Avocado-Smoothie

Zubereitungszeit: 5 Minuten
Portionen: 1 Person

Zutaten:

- 100 g Himbeeren, frisch oder tiefgefroren
- 1/2 reife Avocado, geschält und entkernt
- 150 ml Hafermilch, ungesüßt
- 1 EL Chiasamen
- 1 TL frischer Ingwer, gerieben
- Ein Spritzer Bio-Limettensaft
- Einige Blätter frischer Basilikum, nach Geschmack
- 1 EL Kokosraspel

Zubereitung:

1. Wasche die Himbeeren gründlich, falls sie frisch sind. Bei Verwendung von tiefgefrorenen Himbeeren diese kurz antauen lassen.

2. Die halbe Avocado öffnen, den Kern entfernen und das Fruchtfleisch mit einem Löffel herauslösen.

3. Himbeeren, Avocado, Hafermilch, Chiasamen und geriebenen Ingwer in einen Mixer geben.

4. Den Basilikum waschen, trocken schütteln und dazu geben. Nach Geschmack kannst du mehr oder weniger Basilikum verwenden.

5. Alles auf höchster Stufe mixen, bis eine glatte Konsistenz entsteht. Wenn der Smoothie zu dickflüssig ist, füge noch etwas Hafermilch hinzu.

6. Zum Schluss den Smoothie mit einem Spritzer Limettensaft abschmecken und in ein Glas füllen. Mit Kokosraspel bestreuen und genießen.

Apfel-Zimt-Porridge

Zubereitungszeit: 15 Minuten
Portionen: 1 Person

Zutaten:

- 50 g glutenfreie Haferflocken
- 1 mittelgroßer Apfel, gewürfelt
- 1 TL Zimt, gemahlen
- 1 EL Walnüsse, grob gehackt
- 250 ml Mandelmilch, ungesüßt
- 1 TL Kokosöl
- 1 EL Kokosraspel
- Eine Prise Vanille, gemahlen
- Frische Beeren (z.B. Heidelbeeren oder Erdbeeren) zum Garnieren

Zubereitung:

1. In einem kleinen Topf das Kokosöl erhitzen. Die gewürfelten Äpfel hinzufügen und bei mittlerer Hitze anbraten, bis sie leicht goldbraun sind.

2. Haferflocken und Zimt zu den Äpfeln hinzugeben und kurz mitbraten.

3. Die Mandelmilch und Vanille in den Topf geben und gut umrühren. Alles aufkochen lassen und dann die Hitze reduzieren.

4. Unter ständigem Rühren ca. 10 Minuten köcheln lassen, bis die Haferflocken weich sind und die Flüssigkeit fast vollständig aufgenommen haben.

5. Den Topf vom Herd nehmen und die Kokosraspel unterrühren.

6. Das Porridge in eine Schüssel geben, mit gehackten Walnüssen und frischen Beeren garnieren. Guten Appetit!

Frischer Beeren-Joghurt

Zubereitungszeit: 10 Minuten
Portionen: 1 Person

Zutaten:

- 150 ml Mandeljoghurt, un-gesüßt
- 50 g gemischte Beeren (Erdbeeren, Himbeeren, Heidelbeeren, Johannisbeeren)
- 1 TL Chiasamen
- 1 TL Sonnenblumenkerne
- 1 TL Hanfsamen
- 1/2 Bio-Zitrone, nur der Saft
- 1 TL frischer Basilikum, fein gehackt
- 1 Prise Zimt
- 1 EL Kokosraspel

Zubereitung:

1. Die Beeren sorgfältig waschen und gut abtropfen lassen. Größere Beeren, wie Erdbeeren, in kleinere Stücke schneiden.

2. Den Mandeljoghurt in eine Schüssel geben. Über den Joghurt den frisch gepressten Zitronensaft träufeln und vorsichtig unterrühren.

3. Nun die Beeren zum Joghurt hinzufügen und leicht unterheben.

4. Chiasamen, Sonnenblumenkerne und Hanfsamen über die Beeren-Joghurt-Mischung streuen.

5. Das Ganze mit einer Prise Zimt und dem fein gehackten Basilikum verfeinern.

6. Zum Schluss die Kokosraspel über den Joghurt streuen und alles gut vermengen.

Hirse-Porridge mit Rhabarber-Kompott

Zubereitungszeit: 20 Minuten
Portionen: 1 Person

Zutaten:

- 50 g Hirse, gut gespült
- 250 ml Mandelmilch, unge-süßt
- 1 Bio-Zitrone, Schale abge-rieben
- 1/2 TL Vanille
- Eine Prise Zimt
- 1 EL Kokosraspel
- 2 Stangen Rhabarber, gewaschen und in kleine Stücke geschnitten
- 1 EL Walnüsse, grob gehackt
- 50 ml Wasser
- 1 TL Kokosöl

Zubereitung:

1. Gib die gespülte Hirse zusammen mit der Mandelmilch in einen kleinen Topf. Erhitze die Mischung langsam und lasse sie dann auf kleiner Flamme für etwa 15 Minuten köcheln, bis die Hirse weich ist und die Flüssigkeit aufgesogen hat.

2. Während die Hirse köchelt, bereite das Rhabarber-Kompott vor. In einem weiteren kleinen Topf das Kokosöl schmelzen und die Rhabarberstücke hinzufügen. Das Ganze mit Wasser bedecken und für etwa 10 Minuten leicht köcheln lassen, bis der Rhabarber weich ist und ein Kompott bildet.

3. Wenn die Hirse fertig gekocht hat, füge die Vanille, die abgeriebene Zitronenschale und den Zimt hinzu. Gut umrühren und vom Herd nehmen.

4. Serviere das Hirse-Porridge in einer Schüssel, gib das Rhabarber-Kompott darüber und bestreue das Ganze mit Kokosraspel und den gehackten Walnüssen. Guten Appetit!

Amaranth-Riegel mit Nüssen

Zubereitungszeit: 20 Minuten inkl. 1 Stunde Kühlzeit
Portionen: 1 Person

Zutaten:

- 60 g Amaranth
- 40 g gehackte Walnüsse
- 25 g Mandeln, grob gehackt
- 2 EL Chiasamen
- 50 ml Kokosmilch, ungesüßt
- 2 EL Kokosöl
- 1 EL Honig, je nach Vorliebe
- 1 TL Vanille
- Eine Prise Zimt
- Eine kleine Handvoll Beeren (z.B. Heidelbeeren, Himbeeren), gewaschen

Zubereitung:

1. Gib den Amaranth in eine mittelgroße Schüssel und füge die Walnüsse, Mandeln und Chiasamen hinzu. Mische alles gut durch.

2. In einem kleinen Topf erwärme die Kokosmilch zusammen mit dem Kokosöl, Vanille und Zimt auf mittlerer Hitze. Wenn du Honig möchtest, füge ihn jetzt hinzu. Rühre stetig, bis alles gut vermischt und leicht erwärmt ist.

3. Gieße die warme Kokosmilchmischung über die Amaranth-Nuss-Mischung und verrühre alles sorgfältig, sodass die trockenen Zutaten gut mit der Flüssigkeit bedeckt sind.

4. Füge die Beeren hinzu und rühre nochmals vorsichtig unter, damit sie sich gleichmäßig verteilen.

5. Lege eine kleine Backform oder eine Brotdose mit Backpapier aus. Verteile die Mischung gleichmäßig darauf und drücke sie fest.

6. Stelle die Form für mindestens 1 Stunde in den Kühlschrank, bis die Mischung fest geworden ist.

7. Nach dem Kühlen nimm die feste Amaranth-Masse aus der Form und schneide sie in Riegel. Fertig!

Eiermuffins mit Spinat und Huhn

Zubereitungszeit: 25 Minuten
Portionen: 1 Person

Zutaten:

- 2 Bio-Eier
- 50 g frischer Spinat, gewaschen und gehackt
- 70 g Hühnerfleisch, gewürfelt
- 1 EL natives Olivenöl extra
- 1 TL frischer Basilikum, gehackt
- 1 TL frischer Oregano, gehackt
- 2 EL Mandelmilch, ungesüßt
- Salz und Schwarzer Pfeffer nach Geschmack
- 1 TL Kokosmehl
- 1 EL Hanfsamen (optional)

Zubereitung:

1. Den Ofen auf 180 Grad vorheizen.

2. In einer Pfanne das Olivenöl erhitzen und den gehackten Spinat darin kurz anbraten, bis er zusammenfällt.

3. Das gewürfelte Hühnerfleisch zum Spinat in die Pfanne geben und kurz mitbraten. Mit Salz, Pfeffer, Basilikum und Oregano würzen. Vom Herd nehmen und beiseite stellen.

4. In einer Schüssel die Eier aufschlagen und mit der Mandelmilch verquirlen. Das Kokosmehl hinzufügen und gut verrühren, um Klumpen zu vermeiden.

5. Die Spinat-Hühnchen-Mischung und die Hanfsamen (falls verwendet) zu den Eiern geben und alles gut vermengen.

6. Eine Muffinform mit etwas Olivenöl einfetten und die Ei-Mischung gleichmäßig auf die Form verteilen.

7. Im vorgeheizten Ofen für ca. 15-18 Minuten backen, bis die Muffins fest und goldbraun sind.

8. Die Eiermuffins aus dem Ofen nehmen und kurz abkühlen lassen. Dann vorsichtig aus der Form nehmen.

Avocado-Ei-Bowl

Zubereitungszeit: 15 Minuten
Portionen: 1 Person

Zutaten:

- 1 reife Avocado, halbiert und entkernt
- 2 Bio-Eier
- 1 Handvoll Spinat, gewaschen und grob gehackt
- 2 EL Walnüsse, grob gehackt
- 1 kleine Karotte, gewaschen und in feine Streifen geschnitten
- 1 TL Hanfsamen
- 2 TL Kokosöl
- Salz, Schwarzer Pfeffer und Kurkuma nach Geschmack

Zubereitung:

1. Erhitze 1 TL Kokosöl in einer Pfanne auf mittlerer Hitze. Füge den Spinat hinzu und dünste ihn, bis er leicht welk ist. Würze mit Salz und Pfeffer. Gib den Spinat in die Bowl.

2. Im selben Öl brate die Karottenstreifen für 2-3 Minuten, bis sie leicht goldbraun und weich sind. Zu dem Spinat in die Bowl geben.

3. Erhitze den restlichen TL Kokosöl in der Pfanne. Schlage die Eier vorsichtig auf und gebe sie in die Pfanne. Würze mit Salz, Pfeffer und einer Prise Kurkuma. Lass sie als Spiegeleier braten oder rühre sie für Rühreier.

4. Während die Eier garen, schneide die Avocado in Scheiben oder Würfel, je nach Vorliebe.

5. Sobald die Eier fertig sind, füge sie der Bowl hinzu.

6. Garniere die Bowl mit Avocado, gehackten Walnüssen und Hanfsamen.

Buchweizen-Pfirsich-Müsli

Zubereitungszeit: 15 Minuten
Portionen: 1 Person

Zutaten:

- 50 g Buchweizen, über Nacht eingeweicht
- 1 frischer Pfirsich, gewaschen und gewürfelt
- 10 Heidelbeeren, gewaschen
- 10 g Kokosraspel
- 5 g Chiasamen
- 1 EL Walnüsse, grob gehackt
- 150 ml Mandelmilch, ungesüßt
- 1 TL Honig
- Eine Prise Vanille
- Eine Prise Zimt

Zubereitung:

1. Gieße den eingeweichten Buchweizen in ein Sieb und spüle ihn gründlich unter fließendem Wasser ab, um die Schleimschicht zu entfernen.

2. In einer Schüssel den Buchweizen, die Pfirsichwürfel, Heidelbeeren, Kokosraspel und Chiasamen vermischen.

3. Über das Müsli die Mandelmilch gießen. Das Ganze leicht umrühren, damit sich alle Zutaten gut vermischen.

4. Die Walnüsse darüber streuen und mit einer Prise Vanille und Zimt abschmecken.

5. Wenn du es gerne etwas süßer magst, kannst du noch einen TL Honig darüber träufeln.

Kokos-Chia-Pudding mit Apfel

Zubereitungszeit: 15 Minuten inkl. 2 Stunden Kühlzeit
Portionen: 1 Person

Zutaten:

- 1 Apfel, gewaschen und gewürfelt
- 2 EL Chiasamen
- 200 ml Kokosmilch, ungesüßt
- 1 TL Zimt
- 1 EL Kokosraspel
- 1 EL gehackte Walnüsse
- Ein Spritzer frischer Bio-Zitronensaft
- Ein kleiner Schuss Vanilleextrakt

Zubereitung:

1. In einer Schüssel die Chiasamen, Kokosmilch, Zimt und Vanilleextrakt gut vermengen.

2. Die Mischung abdecken und für mindestens 2 Stunden oder über Nacht in den Kühlschrank stellen, bis eine puddingähnliche Konsistenz erreicht ist.

3. Während der Pudding fest wird, den Apfel waschen, entkernen und in kleine Würfel schneiden. Den Apfel mit einem Spritzer Zitronensaft beträufeln, um das Braunwerden zu verhindern.

4. Den gekühlten Chia-Pudding aus dem Kühlschrank nehmen und gut umrühren.

5. Den Pudding in eine Schüssel oder ein Glas füllen, die Apfelwürfel und Kokosraspel darüberstreuen und mit den gehackten Walnüssen garnieren.

Quinoa-Himbeer-Schale

Zubereitungszeit: 25 Minuten
Portionen: 1 Person

Zutaten:

- 50 g Quinoa, gut gewaschen
- 200 ml Wasser
- 100 g frische Himbeeren, gewaschen
- 1 EL Chiasamen
- 1 EL Kokosraspel
- 5 Erdbeeren, gewaschen und in Scheiben geschnitten
- 1 EL Mandeln, grob gehackt
- 150 ml Kokosmilch, ungesüßt
- 1 TL Vanille
- 1 TL frischer Ingwer, gerieben
- 1 EL frischer Zitronensaft von einer Bio-Zitrone
- 1 TL Honig (optional)

Zubereitung:

1. Gib Quinoa und Wasser in einen Topf. Bring das Wasser zum Kochen und lass den Quinoa bei niedriger Hitze etwa 15 Minuten köcheln, bis er weich ist und das Wasser absorbiert hat. Vom Herd nehmen und etwas abkühlen lassen.

2. Während der Quinoa köchelt, mische in einer kleinen Schüssel Chiasamen mit 50 ml Kokosmilch. Stelle es beiseite, sodass die Chiasamen aufquellen können.

3. In einer anderen Schüssel vermischt du die restliche Kokosmilch mit Vanille, geriebenem Ingwer und Zitronensaft. Wenn du es etwas süßer magst, kannst du einen Teelöffel Honig hinzufügen und gut umrühren.

4. Sobald der Quinoa abgekühlt ist, gibst du ihn in deine Frühstücksschale. Füge die Kokosmilch-Mischung hinzu und rühre leicht um.

5. Dekoriere deine Schale nun mit den frischen Himbeeren, Erdbeerscheiben, dem Chia-Pudding, Kokosraspeln und den gehackten Mandeln. Guten Appetit.

Suppen

Hühnersuppe mit Quinoa

Zubereitungszeit: 35 Minuten
Portionen: 1 Person

Zutaten:

- 200 g Hühnerbrust, in Würfel geschnitten
- 70 g Quinoa, gut gespült
- 1 kleine Karotte, gewürfelt
- 1/2 Zucchini, gewürfelt
- 3-4 frische Champignons, in Scheiben geschnitten
- 1 EL natives Olivenöl extra
- 1,5 Liter Wasser
- 1 TL frischer Ingwer, gerieben
- 1 Bio-Zitrone, Saft und etwas Schale
- 2 EL frischer Basilikum, gehackt
- Salz und schwarzer Pfeffer nach Geschmack

Zubereitung:

1. In einem großen Topf das Olivenöl erhitzen. Die Hühnerbrustwürfel darin von allen Seiten anbraten, bis sie leicht goldbraun sind.

2. Die Karotten, Zucchini und Champignons hinzufügen und einige Minuten dünsten, bis sie weich, aber noch bissfest sind.

3. Quinoa hinzugeben und kurz mit den Gemüsen und dem Hühnchen anschwitzen.

4. Mit Wasser aufgießen und zum Kochen bringen. Den geriebenen Ingwer hinzufügen.

5. Die Suppe 20 Minuten leicht köcheln lassen, bis das Hühnchen durchgegart und der Quinoa weich ist.

6. Mit Zitronensaft, Zitronenschale, Salz und Pfeffer abschmecken.

7. Kurz vor dem Servieren den frischen Basilikum unterrühren. Guten Appetit.

Brokkoli-Kokos-Suppe

Zubereitungszeit: 20 Minuten
Portionen: 1 Person

Zutaten:

- 200 g Brokkoli, gewaschen und in kleine Röschen geschnitten
- 200 ml Kokosmilch, ungesüßt
- 1 kleines Stück Ingwer (etwa 2 cm), geschält und fein gehackt
- 1 EL Kokosöl
- 1 Bio-Zitrone, Schale abgerieben und Saft ausgepresst
- 1 EL Sonnenblumenkerne
- 1 EL Hanfsamen
- Salz und schwarzer Pfeffer nach Geschmack
- Frische Petersilie, gewaschen und grob gehackt (zum Garnieren)

Zubereitung:

1. Erhitze das Kokosöl in einem mittelgroßen Topf auf mittlerer Stufe. Gib den fein gehackten Ingwer hinzu und dünste ihn für etwa 1 Minute an, bis er duftet.

2. Füge die Brokkoli-Röschen hinzu und rühre gut um. Lass sie für 3-4 Minuten dünsten, sodass sie ihre Farbe verstärken und etwas weicher werden.

3. Gieße die Kokosmilch über den Brokkoli und bringe die Suppe zum Kochen. Reduziere dann die Hitze und lass sie für 10 Minuten köcheln oder bis der Brokkoli weich ist.

4. Während die Suppe köchelt, röste in einer kleinen Pfanne ohne Öl die Sonnenblumenkerne und Hanfsamen, bis sie leicht goldbraun sind. Achte darauf, dass sie nicht verbrennen. Setze sie beiseite.

5. Sobald der Brokkoli weich ist, nimm den Topf vom Herd. Verwende einen Stabmixer, um die Suppe zu pürieren, bis sie cremig ist. Je nach gewünschter Konsistenz kannst du etwas Wasser hinzufügen.

6. Füge den Zitronensaft und die Zitronenschale hinzu und würze mit Salz und Pfeffer.

7. Gieße die Suppe in eine Schüssel und garniere sie mit den gerösteten Sonnenblumenkernen, Hanfsamen und frischer Petersilie.

Kürbis-Möhren-Cremesuppe

Zubereitungszeit: 30 Minuten
Portionen: 1 Person

Zutaten:

- 200 g Hokkaido-Kürbis, entkernt und gewürfelt
- 100 g Möhren, geschält und gewürfelt
- 1 kleine Zwiebel, fein gehackt (Nur in geringen Mengen erlaubt, abhängig von individueller Verträglichkeit)
- 1 EL Kokosöl
- 1 Knoblauchzehe, fein gehackt
- 500 ml Wasser
- 50 ml ungesüßte Kokosmilch
- 1 TL frischer Ingwer, gerieben
- 1 TL Kurkuma, gemahlen
- 1/4 TL schwarzer Pfeffer
- Salz nach Geschmack
- 1 EL frischer Koriander, gehackt (optional)

Zubereitung:

1. Erhitze das Kokosöl in einem Topf auf mittlerer Flamme. Füge die Zwiebeln hinzu und dünste sie, bis sie glasig sind.

2. Gib den Knoblauch, den Ingwer und die Möhren dazu. Alles unter ständigem Rühren 2-3 Minuten anbraten.

3. Den Kürbis dazugeben und alles gut vermengen. Kurkuma, Salz und Pfeffer darüber streuen und gut umrühren.

4. Das Wasser zugießen und die Suppe zum Kochen bringen. Reduziere die Hitze und lasse die Suppe 20 Minuten köcheln oder bis das Gemüse weich ist.

5. Wenn das Gemüse gar ist, nimm den Topf vom Herd. Püriere die Suppe mit einem Stabmixer oder in einem Standmixer, bis sie cremig ist.

6. Stelle den Topf wieder auf den Herd und füge die Kokosmilch hinzu. Unter ständigem Rühren erhitzen, bis die Suppe gut durchgewärmt ist.

7. Schmecke die Suppe ab und füge bei Bedarf mehr Salz oder Pfeffer hinzu. Danach die Suppe in eine Schale geben und bei Bedarf mit frischem Koriander garnieren.

Champignon-Kokos-Suppe

Zubereitungszeit: 25 Minuten
Portionen: 1 Person

Zutaten:

- 150 g frische Champignons, gewaschen und in Scheiben geschnitten
- 250 ml Kokosmilch, ungesüßt
- 1 kleine Karotte, gewürfelt
- 1 kleiner Brokkoli, in kleine Röschen geteilt
- 1 TL frischer Ingwer, fein gehackt
- 1 TL Kokosöl
- 1 TL Kurkuma, gemahlen
- 1 Prise Schwarzer Pfeffer
- 250 ml Wasser
- 1 EL frischer Zitronensaft von einer Bio-Zitrone
- Salz nach Geschmack
- 1 EL frischer Koriander, gehackt (zum Garnieren)

Zubereitung:

1. In einem mittelgroßen Topf das Kokosöl erhitzen. Den fein gehackten Ingwer hinzugeben und kurz anbraten.

2. Die geschnittenen Champignons hinzufügen und weiter anbraten, bis sie leicht goldbraun sind.

3. Karotten und Brokkoli hinzufügen und für etwa 3 Minuten dünsten, bis sie leicht weich werden.

4. Mit Kurkuma, schwarzem Pfeffer und etwas Salz würzen und gut umrühren.

5. Das Wasser und die Kokosmilch hinzugeben. Den Herd auf mittlere Stufe stellen und die Suppe zum Kochen bringen.

6. Wenn die Suppe kocht, die Hitze reduzieren und alles für etwa 10-15 Minuten köcheln lassen, bis das Gemüse vollständig weich ist.

7. Den Topf vom Herd nehmen und den Zitronensaft hinzufügen.

8. Die Suppe in eine Schüssel gießen und mit frischem Koriander garnieren.

Spargel-Spinat-Suppe

Zubereitungszeit: 25 Minuten
Portionen: 1 Person

Zutaten:

- 150 g frischer Spargel, geschält und in Stücke geschnitten
- 100 g frischer Spinat, gewaschen und grob gehackt
- 1 kleine Karotte, geschält und in kleine Würfel geschnitten
- 1 kleine Zwiebel, gewürfelt (Nur in geringen Mengen erlaubt, abhängig von individueller Verträglichkeit)
- 1 EL Kokosöl
- 300 ml Wasser
- 1 EL Mandelmus
- 1 TL frisch geriebener Ingwer
- 1 Prise frischer Kurkuma, gerieben
- Salz und schwarzer Pfeffer nach Geschmack
- 1 EL frisch gehackte Petersilie zum Garnieren
- 1 TL Hanfsamen zum Garnieren

Zubereitung:

1. Erhitze das Kokosöl in einem Topf und dünste die Zwiebelwürfel darin an, bis sie glasig sind.

2. Gib die Karottenwürfel hinzu und brate sie für weitere 2-3 Minuten mit an.

3. Füge den Spargel hinzu und lasse ihn für 5 Minuten mitdünsten.

4. Gieße nun das Wasser hinzu und lasse alles auf kleiner bis mittlerer Flamme für ca. 10 Minuten köcheln, bis der Spargel und die Karotten weich sind.

5. Füge den Spinat, den Ingwer und den Kurkuma hinzu und lasse die Suppe weitere 2 Minuten köcheln.

6. Nimm den Topf vom Herd und püriere die Suppe mit einem Stabmixer, bis sie cremig ist.

7. Würze mit Salz und Pfeffer nach Geschmack und rühre das Mandelmus unter. Garniere die Suppe zum Schluss mit der frisch gehackten Petersilie und den Hanfsamen. Guten Appetit!

Wirsing-Eintopf mit Wildfleisch

Zubereitungszeit: 40 Minuten
Portionen: 1 Person

Zutaten:

- 150 g Wildfleisch (z.B. Reh oder Hase), in Würfel geschnitten
- 1 mittelgroßer Wirsingkohl, gewaschen und in Streifen geschnitten
- 1 mittelgroße Möhre, gewaschen und in Scheiben geschnitten
- 1/2 mittelgroße Pastinake, gewaschen und in Scheiben geschnitten
- 1/2 Zucchini, gewaschen und in Würfel geschnitten
- 2 EL Kokosöl
- 500 ml Wasser
- 1 TL frisch gehackter Ingwer
- 1 TL Kurkuma
- 1 TL Rosmarin
- 1 TL Thymian
- Salz und schwarzer Pfeffer nach Geschmack

Zubereitung:

1. In einem großen Topf das Kokosöl erhitzen und die Wildfleischwürfel darin scharf anbraten, bis sie rundum braun sind.

2. Die Möhren- und Pastinakenscheiben hinzufügen und für weitere 2-3 Minuten anbraten, bis sie leicht gebräunt sind.

3. Jetzt den Wirsing und die Zucchini hinzufügen und alles gut vermengen. Den Ingwer, Kurkuma, Rosmarin und Thymian darüberstreuen und kurz mitanbraten.

4. Mit dem Wasser ablöschen und alles zum Kochen bringen. Die Hitze reduzieren und den Eintopf 20-25 Minuten köcheln lassen, bis das Fleisch zart und das Gemüse weich ist.

5. Mit Salz und Pfeffer abschmecken und servieren.

Pastinaken-Kokos-Suppe

Zubereitungszeit: 30 Minuten
Portionen: 1 Person

Zutaten:

- 1 mittelgroße Pastinake, gewaschen, geschält und gewürfelt
- 200 ml Kokosmilch, ungesüßt
- 100 ml Wasser
- 1 TL Kokosöl
- 1 kleine Knoblauchzehe, fein gehackt
- 1 TL frischer Ingwer, fein gehackt
- 1/2 TL Kurkuma
- 1 EL frischer Zitronensaft von einer Bio-Zitrone
- 1 EL frische Petersilie, gehackt
- Eine Prise Salz und schwarzer Pfeffer zum Abschmecken

Zubereitung:

1. In einem kleinen Topf das Kokosöl erhitzen. Den gehackten Knoblauch und Ingwer hinzufügen und für etwa 1 Minute anbraten, bis sie duftend sind.

2. Die gewürfelte Pastinake zum Topf geben und unter gelegentlichem Rühren für etwa 5 Minuten anbraten.

3. Wasser, Kokosmilch und Kurkuma hinzufügen. Alles zum Kochen bringen, dann die Hitze reduzieren und 15-20 Minuten köcheln lassen, bis die Pastinaken weich sind.

4. Die Suppe vom Herd nehmen und mit einem Stabmixer oder in einem Standmixer pürieren, bis sie cremig ist. Achte darauf, dass keine Klumpen mehr vorhanden sind.

5. Die Suppe zurück in den Topf geben und erneut erwärmen. Den frischen Zitronensaft und die gehackte Petersilie unterrühren. Mit Salz und Pfeffer abschmecken.

Rote-Beete-Kokos-Suppe

Zubereitungszeit: 25 Minuten
Portionen: 1 Person

Zutaten:

- 1 mittelgroße Rote Beete, gewürfelt
- 200 ml Kokosmilch, ungesüßt
- 1 kleiner Apfel, geschält und gewürfelt
- 1 TL frischer Ingwer, fein gehackt
- 1 EL natives Olivenöl extra
- 1 TL frischer Rosmarin, fein gehackt
- Salz und schwarzer Pfeffer nach Geschmack
- 1 EL frischer Bio-Zitronensaft
- Einige frische Beeren (Himbeeren, Heidelbeeren) zum Garnieren
- Einige Mandeln, grob gehackt, für die Garnierung

Zubereitung:

1. In einem Topf das Olivenöl erhitzen und den frischen Ingwer darin leicht anbraten.
2. Die gewürfelte Rote Beete und den Apfel hinzufügen und 3-4 Minuten dünsten, bis die Rote Beete etwas weicher geworden ist.
3. Die Kokosmilch hinzufügen und zum Kochen bringen.
4. Die Hitze reduzieren und die Suppe 10 Minuten köcheln lassen, bis die Rote Beete und der Apfel weich sind.
5. Den Rosmarin hinzufügen und mit Salz und Pfeffer abschmecken.
6. Vom Herd nehmen und mit einem Stabmixer oder in einem Standmixer pürieren, bis die Suppe eine glatte Konsistenz hat.
7. Die Suppe zurück in den Topf geben und erneut erhitzen.
8. Den frischen Zitronensaft unterrühren und abschmecken.
9. Die Suppe in eine Schüssel geben, mit Beeren und gehackten Mandeln garnieren. Guten Appetit!

Grünkohl-Puten-Suppe

Zubereitungszeit: 30 Minuten
Portionen: 1 Person

Zutaten:

- 150 g Putenbrust, in Würfeln
- 200 g Grünkohl, gewaschen und gehackt
- 1 kleine Karotte, gewürfelt
- 1 kleine Pastinake, gewürfelt
- 1 EL Kokosöl
- 1 Knoblauchzehe, fein gehackt
- 750 ml Wasser
- 1 TL frischer Ingwer, gerieben
- 1 EL frischer Thymian, gehackt
- Salz und schwarzer Pfeffer zum Abschmecken

Zubereitung:

1. In einem Topf das Kokosöl erhitzen. Die Putenwürfel darin von allen Seiten anbraten, bis sie goldbraun sind. Dann aus dem Topf nehmen und beiseite stellen.

2. Im selben Topf den Knoblauch und den Ingwer kurz anbraten, bis sie duften.

3. Karotte und Pastinake dazugeben und für etwa 5 Minuten anbraten, bis sie leicht weich werden.

4. Den Grünkohl hinzufügen und kurz mit den anderen Zutaten anbraten.

5. Die Putenwürfel wieder in den Topf geben.

6. Mit Wasser aufgießen, den Thymian hinzufügen und zum Kochen bringen.

7. Die Hitze reduzieren und die Suppe 20 Minuten köcheln lassen, bis alle Zutaten gut durchgekocht sind.

8. Mit Salz und Pfeffer abschmecken.

Rucola-Kürbis-Suppe

Zubereitungszeit: 30 Minuten
Portionen: 1 Person

Zutaten:

- 200 g Kürbis, gewürfelt
- 40 g Rucola, gewaschen und grob gehackt
- 1 EL natives Olivenöl extra
- 1 kleine Karotte, gewürfelt
- 1 Knoblauchzehe, fein gehackt
- 1 TL frischer Ingwer, gerieben
- 200 ml ungesüßte Mandelmilch
- 150 ml Wasser
- 1/2 TL Kurkuma, gemahlen
- 1 TL Salbei, frisch und gehackt
- Salz und schwarzer Pfeffer nach Geschmack
- 1 EL Sonnenblumenkerne zum Garnieren

Zubereitung:

1. Erhitze das Olivenöl in einem Topf über mittlerer Hitze. Gib den Knoblauch und den Ingwer hinzu und dünste beides kurz an, bis sie duftend sind.

2. Füge die gewürfelte Karotte und den Kürbis hinzu. Dünste das Gemüse weitere 5 Minuten, bis es leicht gebräunt und etwas weicher geworden ist.

3. Gieße die Mandelmilch und das Wasser hinzu und bringe die Suppe zum Kochen. Reduziere die Hitze und lasse sie 15-20 Minuten leicht köcheln, bis das Gemüse weich ist.

4. Füge den Rucola, Kurkuma und Salbei zur Suppe hinzu. Lasse alles noch Weitere 2-3 Minuten köcheln.

5. Nimm den Topf vom Herd und püriere die Suppe mit einem Stabmixer, bis sie glatt und cremig ist. Falls die Suppe zu dickflüssig ist, kannst du noch etwas Wasser oder Mandelmilch hinzufügen, bis die gewünschte Konsistenz erreicht ist.

6. Schmecke die Suppe mit Salz und Pfeffer ab und erwärme sie nochmals kurz.

7. Serviere die Suppe und garniere sie mit den Sonnenblumenkernen.

Fenchel-Karotten-Suppe

Zubereitungszeit: 25 Minuten
Portionen: 1 Person

Zutaten:

- 1 Fenchelknolle, gewaschen und grob gewürfelt
- 2 Karotten, geschält und in Scheiben geschnitten
- 1 kleine Zwiebel, fein gewürfelt (Nur in geringen Mengen erlaubt, abhängig von individueller Verträglichkeit)
- 2 EL natives Olivenöl extra
- 400 ml Wasser
- 1 TL frischer Ingwer, gerieben
- 1 EL frischer Zitronensaft von einer Bio-Zitrone
- 1 TL frischer Rosmarin, gehackt
- Salz und schwarzer Pfeffer zum Abschmecken
- 1 EL Mandelmus (optional)

Zubereitung:

1. In einem Topf das Olivenöl erhitzen und die Zwiebeln darin glasig anbraten.

2. Fenchel und Karotten hinzufügen und für etwa 5 Minuten anbraten, bis sie etwas weich geworden sind.

3. Mit Wasser aufgießen und den Ingwer sowie den Rosmarin hinzufügen.

4. Die Suppe zum Kochen bringen und auf mittlerer Stufe etwa 15 Minuten köcheln lassen, bis Fenchel und Karotten weich sind.

5. Mit einem Pürierstab oder in einem Mixer die Suppe fein pürieren. Falls du es cremiger magst, kannst du jetzt das Mandelmus hinzufügen und erneut pürieren.

6. Den Zitronensaft hinzugeben und mit Salz und Pfeffer abschmecken.

7. In eine Schüssel gießen und servieren.

Gemüsesuppe mit Ingwer und Hühnchen

Zubereitungszeit: 25 Minuten
Portionen: 1 Person

Zutaten:

- 150 g Hühnerbrust, in kleine Würfel geschnitten
- 2 EL natives Olivenöl extra
- 1 Karotte, gewürfelt
- 1 kleiner Brokkoli, in Röschen geteilt
- 50 g grüne Bohnen, in 2 cm Stücke geschnitten
- 1 kleiner Kohlrabi, gewürfelt
- 1 Stück Ingwer (ca. 3 cm), fein gehackt
- 1 Bio-Zitrone, Abrieb und Saft
- 2 TL frischer Thymian, fein gehackt
- 800 ml Wasser
- Salz und schwarzer Pfeffer nach Geschmack
- 2 TL Kokosöl

Zubereitung:

1. In einem mittelgroßen Topf das Olivenöl erhitzen. Die Hühnerbrustwürfel darin anbraten, bis sie leicht goldbraun sind. Aus dem Topf nehmen und beiseite stellen.

2. Kokosöl in den Topf geben und den gehackten Ingwer darin leicht anschwitzen. Dann die gewürfelte Karotte, Kohlrabi und grüne Bohnen hinzufügen und für etwa 3-4 Minuten dünsten.

3. Den Brokkoli und Hühnerbrustwürfel zurück in den Topf geben. Mit Wasser aufgießen, so dass das Gemüse vollständig bedeckt ist.

4. Die Suppe zum Kochen bringen und dann die Hitze reduzieren. Lass alles 10-12 Minuten köcheln, bis das Gemüse weich ist, aber noch Biss hat.

5. Mit Salz, Pfeffer, frischem Thymian, Zitronenabrieb und -saft abschmecken.

Spinat-Sellerie-Suppe

Zubereitungszeit: 25 Minuten
Portionen: 1 Person

Zutaten:

- 200 g frischer Spinat, gewaschen und grob gehackt
- 100 g Wurzelsellerie, geschält und in Würfel geschnitten
- 1 kleine Karotte, geschält und in Würfel geschnitten
- 1 kleiner Apfel, geschält, entkernt und in Würfel geschnitten
- 1 kleine Knoblauchzehe, fein gehackt
- 500 ml Wasser
- 1 EL Kokosöl
- 1 EL Hanfsamen
- 1 TL frischer Ingwer, gerieben
- 1/2 TL Kurkuma, gemahlen
- 1/2 TL Schwarzer Pfeffer, gemahlen
- 1/2 TL Salz
- Einige frische Basilikumblätter zum Garnieren
- 2 EL Mandelmilch, ungesüßt

Zubereitung:

1. Das Kokosöl in einem Topf erhitzen. Die Selleriewürfel, Karottenwürfel und den Knoblauch darin etwa 3 Minuten anschwitzen.

2. Den gewaschenen Spinat hinzufügen und weiter braten, bis er zusammenfällt.

3. Apfelwürfel und geriebenen Ingwer hinzufügen und alles gut umrühren.

4. Mit Wasser ablöschen. Kurkuma, Schwarzen Pfeffer und Salz hinzufügen.

5. Alles etwa 15 Minuten bei mittlerer Hitze köcheln lassen, bis der Sellerie und die Karotte weich sind.

6. Den Topf vom Herd nehmen und die Suppe mit einem Stabmixer pürieren, bis sie eine glatte Konsistenz hat.

7. Die Suppe zurück auf den Herd stellen und auf die gewünschte Temperatur erhitzen.

8. In eine Schüssel füllen, mit einem Esslöffel Mandelmilch garnieren und Hanfsamen und Basilikumblätter darüber streuen.

Rosenkohl-Cremesuppe

Zubereitungszeit: 30 Minuten
Portionen: 1 Person

Zutaten:

- 150 g Rosenkohl, geputzt und halbiert
- 1 kleine Karotte, geschält und gewürfelt
- 1 Knoblauchzehe, fein gehackt
- 400 ml Wasser
- 2 EL Kokosöl
- 100 ml ungesüßte Mandelmilch
- 1 EL frischer Ingwer, gerieben
- 1 TL Kurkuma
- Salz und schwarzer Pfeffer, nach Geschmack
- 1 EL frischer Basilikum, fein gehackt (zum Garnieren)
- 1 EL Sonnenblumenkerne (zum Garnieren)

Zubereitung:

1. Erhitze in einem Topf das Kokosöl und sautiere den Knoblauch darin, bis er duftend ist.

2. Füge den Rosenkohl und die Karottenwürfel hinzu. Brate sie für etwa 5 Minuten an, bis sie leicht goldbraun sind.

3. Gib den geriebenen Ingwer und die Kurkuma hinzu. Mische alles gut durch.

4. Gieße das Wasser hinzu und bringe die Mischung zum Kochen. Reduziere dann die Hitze und lasse alles für etwa 15-20 Minuten köcheln, bis der Rosenkohl und die Karotten weich sind.

5. Püriere die Suppe mit einem Stabmixer, bis sie eine cremige Konsistenz hat.

6. Rühre die Mandelmilch unter und erhitze die Suppe noch einmal kurz. Schmecke mit Salz und schwarzem Pfeffer ab.

7. Serviere die Suppe in einer Schale und garniere sie mit frisch gehacktem Basilikum und Sonnenblumenkernen.

Mangold-Hühnersuppe

Zubereitungszeit: 35 Minuten
Portionen: 1 Person

Zutaten:

- 150 g Hühnerbrust (ohne Haut und Knochen)
- 200 g Mangold, gewaschen und grob gehackt
- 1 kleine Karotte, gewürfelt
- 1/2 Zucchini, gewürfelt
- 1 kleine Knoblauchzehe, fein gehackt
- 1 EL natives Olivenöl extra
- 1 TL frisch geriebener Ingwer
- 500 ml Wasser
- 1 Bio-Zitrone, Saft und Abrieb
- Salz und schwarzer Pfeffer zum Abschmecken
- 1 EL frischer Basilikum, gehackt
- 1 EL frischer Koriander, gehackt
- 1 TL Kokosmilch, ungesüßt (optional)

Zubereitung:

1. In einem Topf das Olivenöl erhitzen und den Knoblauch sowie den Ingwer darin kurz anbraten, bis sie duftend sind.
2. Die Hühnerbrust hinzufügen und von beiden Seiten goldbraun anbraten.
3. Karotte und Zucchini beigeben und weitere 5 Minuten dünsten, bis das Gemüse leicht weich wird.
4. Wasser in den Topf gießen, zum Kochen bringen und dann die Hitze reduzieren. Das Hühnchen 20 Minuten köcheln lassen, bis es durchgekocht ist.
5. Mangold hinzufügen und weitere 5 Minuten kochen lassen, bis er welk ist.
6. Mit Zitronensaft, -abrieb, Salz und Pfeffer abschmecken.
7. Falls gewünscht, einen Teelöffel Kokosmilch einrühren, um der Suppe eine leicht cremige Konsistenz zu verleihen.
8. Die Suppe in eine Schüssel geben und mit frischem Basilikum und Koriander garnieren.

Salate

Rucola-Beeren-Salat mit Pinienkernen

Zubereitungszeit: 15 Minuten
Portionen: 1 Person

Zutaten:

- 60 g frischer Rucola, gewaschen und getrocknet
- 40 g gemischte Beeren (Himbeeren, Erdbeeren, Heidelbeeren und Brombeeren), gewaschen und geviertelt
- 15 g Pinienkerne, leicht geröstet
- 1 EL natives Olivenöl extra
- 1 TL frischer Zitronensaft von einer Bio-Zitrone
- 1 TL frisch gehackter Basilikum
- Eine Prise Schwarzer Pfeffer
- Eine Prise Meersalz
- 10 g frisch geriebene Karotte
- 5 g Kokosraspel

Zubereitung:

1. Nimm eine große Salatschüssel und lege den gewaschenen Rucola hinein.

2. Gib die gemischten Beeren und die geriebene Karotte dazu.

3. In einer kleinen Schüssel vermischst du Olivenöl, Zitronensaft, gehackten Basilikum, Salz und Pfeffer miteinander, um ein Dressing zu erhalten.

4. Gieße das Dressing über den Salat und vermische alles vorsichtig, sodass der Rucola und die Beeren gut mit dem Dressing benetzt sind.

5. Bestreue den Salat mit den leicht gerösteten Pinienkernen und den Kokosraspeln.

Avocado-Gurken-Salat

Zubereitungszeit: 15 Minuten
Portionen: 1 Person

Zutaten:

- 1 reife Avocado, halbiert und in Würfel geschnitten
- 1 mittelgroße Gurke, gewaschen und in Scheiben geschnitten
- 7-8 Kirschtomaten, halbiert (Nur in geringen Mengen erlaubt, abhängig von individueller Verträglichkeit)
- 1 EL Hanfsamen
- 1 EL Sonnenblumenkerne
- 2 TL frischer Bio-Zitronensaft
- 1 EL natives Olivenöl extra
- 1 TL frisch gehackter Dill
- 1 TL frisch gehackte Petersilie
- Salz und schwarzer Pfeffer nach Geschmack

Zubereitung:

1. Nimm eine große Schüssel und füge die gewürfelte Avocado, die geschnittenen Gurken und die halbierten Kirschtomaten hinzu.

2. In einer kleinen Schüssel oder Tasse den Zitronensaft mit dem Olivenöl vermengen und gut verrühren.

3. Das Dressing über die Avocado-Gurken-Mischung geben und vorsichtig unterheben, sodass alles gut vermischt ist.

4. Hanfsamen und Sonnenblumenkerne darüberstreuen.

5. Mit Dill und Petersilie garnieren und nach Belieben mit Salz und Pfeffer abschmecken.

Mairüben-Kiwi-Salat

Zubereitungszeit: 15 Minuten
Portionen: 1 Person

Zutaten:

- 1 Mairübe, gewaschen und in dünne Scheiben geschnitten
- 1 Kiwi, geschält und in Scheiben geschnitten
- 1 Handvoll Feldsalat, gewaschen und abgetropft
- 50 g Blaubeeren
- 1 EL Sonnenblumenkerne, geröstet
- 2 EL natives Olivenöl extra
- Saft einer halben Bio-Zitrone
- Salz und schwarzer Pfeffer nach Geschmack
- 1 TL frisch gehackter Basilikum
- 1 EL Mandelsplitter, leicht geröstet

Zubereitung:

1. In einer großen Schüssel Mairüben und Kiwi vorsichtig vermischen.

2. Den Feldsalat und die Blaubeeren hinzufügen.

3. In einer kleinen Schüssel Olivenöl, Zitronensaft, Salz, Pfeffer und Basilikum vermischen, um das Dressing zu kreieren.

4. Das Dressing über den Salat gießen und vorsichtig umrühren, sodass alle Zutaten gut miteinander vermengt sind.

5. Den Salat auf einen Teller geben, mit Sonnenblumenkernen und Mandelsplittern bestreuen und servieren.

Feldsalat mit gebratenem Hühnchen

Zubereitungszeit: 25 Minuten
Portionen: 1 Person

Zutaten:

- 100 g Feldsalat, gewaschen und abgetropft
- 150 g Hühnerbrust, in Streifen geschnitten
- 1 kleine Karotte, in feine Stifte geraspelt
- 5 Erdbeeren, gewaschen und halbiert
- 1 EL Sonnenblumenkerne
- 2 EL natives Olivenöl extra
- 1 Bio-Zitrone, Saft und Abrieb
- 1 TL frischer Ingwer, gerieben
- Salz und Schwarzer Pfeffer, nach Geschmack
- 1 TL frischer Basilikum, fein gehackt
- 1 EL Mandelmus

Zubereitung:

1. Erhitze 1 EL Olivenöl in einer Pfanne bei mittlerer Hitze. Füge die Hühnerbruststreifen hinzu und brate sie goldbraun und durchgegart. Dies sollte etwa 5-7 Minuten dauern. Wende das Fleisch während des Bratens mehrmals.

2. Während das Hühnchen brät, mische in einer kleinen Schüssel Zitronensaft, Zitronenabrieb, den restlichen EL Olivenöl, geriebenen Ingwer, Salz, Pfeffer und Mandelmus. Gut verrühren, bis eine homogene Sauce entsteht.

3. Den Feldsalat auf einem Teller anrichten. Die Karottenstifte und Erdbeerhälften darüber verteilen.

4. Das gebratene Hühnchen auf dem Salat platzieren. Die vorbereitete Sauce gleichmäßig darüber träufeln.

5. Zum Schluss mit Sonnenblumenkernen und gehacktem Basilikum bestreuen.

Spinat-Erdbeeren-Salat mit Mandeln

Zubereitungszeit: 15 Minuten
Portionen: 1 Person

Zutaten:

- 50 g frischer Spinat, gewaschen und getrocknet
- 6-7 frische Erdbeeren, gewaschen und geviertelt
- 15 g Mandeln, grob gehackt
- 1 EL natives Olivenöl extra
- 1 TL frisch gepresster Bio-Zitronensaft
- Salz und schwarzer Pfeffer nach Geschmack
- 1 EL frischer Basilikum, fein gehackt
- 1 EL Kokosraspel

Zubereitung:

1. Den Spinat in eine Schüssel geben.

2. Die geviertelten Erdbeeren darüber verteilen.

3. In einer kleinen Pfanne die Mandeln ohne Öl leicht anrösten, bis sie duften und leicht goldbraun sind. Danach zur Seite stellen und etwas abkühlen lassen.

4. Für das Dressing das Olivenöl mit dem Zitronensaft, Salz, schwarzem Pfeffer und gehacktem Basilikum in einer kleinen Schüssel vermengen.

5. Das Dressing über den Spinat und die Erdbeeren gießen und alles vorsichtig vermengen.

6. Die gerösteten Mandeln und die Kokosraspel über den Salat streuen.

Lachs-Avocado-Salat

Zubereitungszeit: 15 Minuten
Portionen: 1 Person

Zutaten:

- 100 g Wildlachs, frisch und in mundgerechte Stücke geschnitten
- 1 reife Avocado, gewürfelt
- 5 Erdbeeren, geviertelt
- 4 Radieschen, in dünne Scheiben geschnitten
- 1 kleiner Handvoll Feldsalat, gewaschen und abgetropft
- 3 EL natives Olivenöl extra
- Saft einer Bio-Limette
- 1 EL frischer Koriander, fein gehackt
- Eine Prise Salz und frisch gemahlener schwarzer Pfeffer

Zubereitung:

1. In einer Pfanne 1 EL Olivenöl erhitzen und den Wildlachs von beiden Seiten kurz anbraten, bis er gerade durch ist. Aus der Pfanne nehmen und auf einem Teller abkühlen lassen.

2. Während der Lachs abkühlt, in einer großen Schüssel Avocado, Erdbeeren, Radieschen und Feldsalat vermengen.

3. Für das Dressing den Saft der Bio-Limette, die restlichen 2 EL Olivenöl, den gehackten Koriander, Salz und Pfeffer in einer kleinen Schüssel vermengen.

4. Das Dressing über den Salat geben und vorsichtig vermischen.

5. Den abgekühlten Lachs vorsichtig unter den Salat heben.

6. Zum Schluss den Salat auf einen Teller geben.

Radieschen-Quinoa-Salat

Zubereitungszeit: 20 Minuten
Portionen: 1 Person

Zutaten:

- 50 g Quinoa
- 5 Radieschen, in feine Scheiben geschnitten
- 50 g frischer Spinat, grob gehackt
- 1 Bio-Zitrone, Saft und Abrieb
- 2 EL natives Olivenöl extra
- 1 TL frischer Ingwer, fein gerieben
- 1 EL Mandeln, grob gehackt
- 1 EL Sonnenblumenkerne
- 1 EL frischer Koriander, fein gehackt
- Salz und schwarzer Pfeffer nach Geschmack

Zubereitung:

1. Quinoa nach Packungsanweisung in Wasser kochen. Nach dem Kochen gut abtropfen lassen und abkühlen lassen.

2. In einer großen Schüssel Radieschenscheiben, Spinat, Mandeln und Sonnenblumenkerne hinzufügen.

3. Für das Dressing Zitronensaft, Zitronenabrieb, Olivenöl und geriebenen Ingwer in einer kleinen Schüssel verrühren. Mit Salz und Pfeffer abschmecken.

4. Das Dressing über den Salat gießen und gut vermengen.

5. Den Salat mit frischem Koriander garnieren.

Artischocken-Hühner-Salat

Zubereitungszeit: 20 Minuten
Portionen: 1 Person

Zutaten:

- 150 g Hühnerbrust, in Würfel geschnitten
- 1 frische Artischocke, geputzt und in Viertel geschnitten
- 4 Erdbeeren, geviertelt
- 1 kleiner Apfel, gewürfelt
- 1 EL frischer Bio-Zitronensaft
- 2 EL natives Olivenöl extra
- 1 Handvoll Feldsalat, gewaschen und abgetropft
- 2 EL Walnüsse, grob gehackt
- 1 EL frischer Basilikum, fein gehackt
- Salz und schwarzer Pfeffer nach Geschmack

Zubereitung:

1. Setze Wasser in einem kleinen Topf auf und bringe es zum Kochen. Koche die Artischockenviertel etwa 10 Minuten, bis sie weich sind. Gieße das Wasser ab und lasse die Artischocken abkühlen.

2. Während die Artischocken kochen, erhitze 1 EL Olivenöl in einer Pfanne und brate die Hühnerbrustwürfel goldbraun. Dies sollte etwa 5-7 Minuten dauern. Entferne das Hühnerfleisch von der Hitze und lasse es abkühlen.

3. In einer großen Schüssel vermische die abgekühlten Artischocken, das gebratene Hühnerfleisch, Erdbeeren, Apfelwürfel und Feldsalat.

4. In einer kleinen Schüssel vermische den frischen Zitronensaft mit 1 EL Olivenöl, dem gehackten Basilikum, Salz und schwarzem Pfeffer, um ein Dressing zu erstellen.

5. Gieße das Dressing über den Salat in der großen Schüssel und vermische alles gut. Bestreue den Salat mit den grob gehackten Walnüssen. Lass es dir schmecken.

Brokkolisalat mit Nüssen

Zubereitungszeit: 20 Minuten
Portionen: 1 Person

Zutaten:

- 100 g Brokkoli, in kleine Röschen geteilt
- 10 g Walnüsse, grob gehackt
- 1 kleine Karotte, geraspelt
- 1/2 kleiner Apfel, in feine Scheiben geschnitten
- 2 EL natives Olivenöl extra
- 1 TL frisch gepresster Bio-Zitronensaft
- Eine Prise frischer Ingwer, fein gerieben
- Eine Handvoll Feldsalat
- Salz und schwarzer Pfeffer zum Abschmecken

Zubereitung:

1. Bring Wasser in einem Topf zum Kochen. Gib eine Prise Salz hinzu und koche den Brokkoli etwa 3-4 Minuten lang, bis er leicht weich, aber noch bissfest ist. Schütte das Wasser ab und kühle den Brokkoli mit kaltem Wasser ab.

2. In einer großen Schüssel vermischt du den Brokkoli, die geraspelte Karotte, die Apfelscheiben und die gehackten Walnüsse.

3. In einer kleinen Schüssel mischst du Olivenöl, Zitronensaft und geriebenen Ingwer miteinander. Würze das Dressing mit Salz und schwarzem Pfeffer nach Geschmack.

4. Gib das Dressing über die Brokkoli-Mischung und mische alles gut durch.

5. Serviere den Salat auf einem Bett aus Feldsalat. Fertig!

Forellen-Spinat-Salat

Zubereitungszeit: 20 Minuten
Portionen: 1 Person

Zutaten:

- 1 frische Forelle (ca. 150 g), filetiert
- 100 g frischer Spinat, gewaschen und grob gehackt
- 6 Erdbeeren, gewaschen und geviertelt
- 1 mittelgroße Karotte, geschält und in feine Stifte geschnitten
- 5 Kirschtomaten, halbiert (Nur in geringen Mengen erlaubt, abhängig von individueller Verträglichkeit)
- 2 EL natives Olivenöl extra
- 1 TL frisch gepresster Saft von einer Bio-Zitrone
- 1 TL Hanfsamen
- 1 TL Mandeln, grob gehackt
- 1 TL frischer Basilikum, gehackt
- Salz und schwarzer Pfeffer nach Geschmack

Zubereitung:

1. Die Forellenfilets in einer Pfanne mit 1 EL Olivenöl von beiden Seiten je 2-3 Minuten anbraten, bis sie goldbraun und durchgegart sind. Anschließend aus der Pfanne nehmen und auf einem Teller abkühlen lassen.

2. Während die Forelle abkühlt, den Spinat, die Erdbeeren, die Karottenstifte und die Kirschtomaten in einer großen Schüssel vermischen.

3. Für das Dressing das restliche Olivenöl, Zitronensaft, Salz und Pfeffer in einer kleinen Schüssel verquirlen.

4. Die Forellenfilets vorsichtig in kleinere Stücke zerteilen und zum Salat hinzufügen.

5. Das Dressing über den Salat geben und vorsichtig vermischen, sodass alles gut bedeckt ist.

6. Den Salat auf einem Teller anrichten und mit Hanfsamen, gehackten Mandeln und frischem Basilikum bestreuen. Guten Appetit!

Hauptgerichte

Hühner-Kokos-Curry mit Quinoa

Zubereitungszeit: 25 Minuten
Portionen: 1 Person

Zutaten:

- 120 g Quinoa, gewaschen
- 150 g Hühnerbrust, in Würfel geschnitten
- 1 EL Kokosöl
- 2 TL Currypulver
- 1 kleine Zucchini, gewürfelt
- 1/2 Papaya, gewürfelt
- 200 ml ungesüßte Kokosmilch
- 1 TL frischer Ingwer, gerieben
- 1/2 Bio-Limette, Saft und Abrieb
- 1 EL frischer Koriander, gehackt
- Salz und schwarzer Pfeffer nach Geschmack

Zubereitung:

1. Den Quinoa nach Packungsanleitung in Wasser kochen. Das sollte etwa 15 Minuten dauern. Danach zur Seite stellen.

2. In einer Pfanne das Kokosöl erhitzen. Die Hühnerwürfel hinzufügen und unter ständigem Rühren anbraten, bis sie rundum goldbraun sind.

3. Den geriebenen Ingwer und das Currypulver zum Hühnchen geben und gut vermengen. Dann die Zucchini und Papaya dazugeben und für 2-3 Minuten weiter anbraten.

4. Mit der Kokosmilch ablöschen und alles zum Köcheln bringen. Für etwa 10 Minuten leicht köcheln lassen, bis das Hühnchen durchgekocht und die Sauce etwas eingedickt ist.

5. Den Quinoa unter das Curry mischen und mit Salz und Pfeffer abschmecken.

6. Das Curry in eine Schüssel geben, mit Limettensaft, Limettenabrieb und gehacktem Koriander verfeinern.

Zucchini-Nudeln mit Forellen-Soße

Zubereitungszeit: 25 Minuten
Portionen: 1 Person

Zutaten:

- 1 mittelgroße Zucchini, in Nudelform geschnitten
- 150 g Forelle, frisch und filetiert
- 1 EL natives Olivenöl extra
- 1 kleine Karotte, gewürfelt
- 2 frische Champignons, in Scheiben
- 1 TL frischer Ingwer, gerieben
- 1 kleine Knoblauchzehe, fein gehackt
- 50 ml Kokosmilch, ungesüßt
- Salz und schwarzer Pfeffer nach Geschmack
- Einige frische Basilikumblätter zum Garnieren
- 1 TL Zitronensaft von Bio-Zitrone

Zubereitung:

1. Die Forelle in mundgerechte Stücke schneiden.

2. In einer Pfanne das Olivenöl erhitzen und die Forellenstücke darin anbraten, bis sie von beiden Seiten goldbraun sind. Danach aus der Pfanne nehmen und beiseite stellen.

3. Im gleichen Öl die Karottenwürfel und Champignonscheiben anbraten. Nach etwa 3 Minuten den Knoblauch und Ingwer hinzufügen und weitere 2 Minuten braten.

4. Die Kokosmilch in die Pfanne geben und zum Kochen bringen. Die Hitze reduzieren und die Soße einige Minuten leicht köcheln lassen, bis sie leicht eindickt. Mit Salz, Pfeffer und Zitronensaft abschmecken.

5. Die Forellenstücke zurück in die Pfanne geben und in der Soße erwärmen.

6. Während die Soße köchelt, die Zucchini-Nudeln in einer separaten Pfanne mit einem Teelöffel Olivenöl 2-3 Minuten anbraten. Sie sollten noch Biss haben.

7. Die Zucchini-Nudeln auf einem Teller anrichten und die Forellen-Soße darüber geben. Mit frischen Basilikumblättern garnieren. Guten Appetit!

Brokkoli-Hähnchen-Pfanne

Zubereitungszeit: 25 Minuten
Portionen: 1 Person

Zutaten:

- 150 g Hühnerbrust, in mundgerechte Stücke geschnitten
- 200 g Brokkoli, in kleine Röschen geteilt
- 1 mittelgroße Karotte, in dünne Scheiben geschnitten
- 1 Apfel, entkernt und in dünne Spalten geschnitten
- 1 TL frischer Ingwer, fein gehackt
- 1 EL natives Olivenöl extra
- 2 EL Kokosmilch, ungesüßt
- 1 TL Kurkuma
- 1 EL frischer Bio-Zitronensaft
- Eine Prise Schwarzer Pfeffer
- Salz, nach Geschmack
- 1 EL Mandelsplitter
- 1 EL frischer Basilikum, fein gehackt

Zubereitung:

1. In einer Pfanne das Olivenöl auf mittlerer Hitze erwärmen. Hühnerbruststücke hinzufügen und von allen Seiten goldbraun anbraten.

2. Den frischen Ingwer und die Karottenscheiben hinzugeben. Alles zusammen etwa 3-4 Minuten dünsten, bis die Karotten etwas weicher werden.

3. Nun den Brokkoli und die Apfelspalten in die Pfanne geben. Alles gut umrühren und für weitere 4-5 Minuten braten.

4. Währenddessen in einer kleinen Schale Kokosmilch, Kurkuma, Zitronensaft, Pfeffer und Salz verquirlen. Die Mischung zur Pfanne hinzufügen und gut umrühren.

5. Die Pfanne mit einem Deckel abdecken und alles bei niedriger Hitze 5 Minuten köcheln lassen, bis das Hühnerfleisch durchgegart und der Brokkoli bissfest ist.

6. Zum Schluss die Mandelsplitter und den frisch gehackten Basilikum über die Brokkoli-Hähnchen-Pfanne streuen.

Rindfleisch-Stir-Fry mit Gemüse

Zubereitungszeit: 25 Minuten
Portionen: 1 Person

Zutaten:

- 150 g Rindfleisch, in Streifen geschnitten
- 1 EL Kokosöl
- 1 mittelgroße Karotte, in dünne Scheiben geschnitten
- 1/4 Brokkoli, in Röschen geteilt
- 50 g Zucchini, in dünne Scheiben geschnitten
- 2 frische Champignons, in Scheiben geschnitten
- 1 EL Sojasprossen
- 1 TL frischer Ingwer, fein gehackt
- 1 Knoblauchzehe, fein gehackt
- 1 EL Kokosmilch, ungesüßt
- 1 TL frischer Bio-Limettensaft
- Frischer Koriander, grob gehackt
- Salz und schwarzer Pfeffer nach Geschmack
- Eine Prise Kurkuma
- Eine Prise Kreuzkümmel

Zubereitung:

1. In einer Pfanne das Kokosöl erhitzen. Das Rindfleisch hinzugeben und unter ständigem Rühren 3-4 Minuten anbraten, bis es leicht gebräunt ist. Aus der Pfanne nehmen und beiseite stellen.

2. In der gleichen Pfanne den gehackten Ingwer und Knoblauch anbraten, bis sie duften.

3. Die Karottenscheiben hinzufügen und etwa 2 Minuten braten. Danach Brokkoli, Zucchini und Champignons hinzufügen und alles zusammen Weitere 3-4 Minuten braten.

4. Das angebratene Rindfleisch wieder in die Pfanne geben. Kokosmilch, Limettensaft, Salz, Pfeffer, Kurkuma und Kreuzkümmel hinzufügen und alles gut vermischen.

5. Zum Schluss die Sojasprossen unterheben und nur kurz erhitzen.

6. Vor dem Servieren mit frischem Koriander bestreuen.

Lachs auf Spinatbett

Zubereitungszeit: 25 Minuten
Portionen: 1 Person

Zutaten:

- 150 g Wildlachsfilet, frisch oder aufgetaut
- 200 g frischer Spinat, gewaschen und grob gehackt
- 1 Bio-Zitrone, Schale abgerieben und dann halbiert
- 1 TL frischer Ingwer, gerieben
- 1 EL natives Olivenöl extra
- 1 EL Kokosöl
- 1 EL Chiasamen
- 1/2 TL Kurkuma
- 1/2 TL schwarzer Pfeffer
- 1 EL Walnüsse, grob gehackt
- 1 TL frischer Basilikum, gehackt
- Eine Prise Meersalz

Zubereitung:

1. Erhitze das Olivenöl in einer Pfanne über mittlerer Hitze. Sobald das Öl heiß ist, gib den Lachs hinein, würze ihn mit Salz und Pfeffer und brate ihn 3-4 Minuten auf jeder Seite, bis er durchgegart und goldbraun ist.

2. Während der Lachs brät, kannst du den Spinat zubereiten. Erhitze das Kokosöl in einer anderen Pfanne und füge den Spinat hinzu. Dünste den Spinat, bis er zusammengefallen ist, das dauert ca. 3-4 Minuten.

3. Füge den geriebenen Ingwer, Kurkuma und die abgeriebene Zitronenschale zum Spinat hinzu. Mische alles gut durch und lass es weitere 2 Minuten köcheln.

4. Serviere den Spinat auf einem Teller und lege den gebratenen Lachs darauf. Drücke etwas Zitronensaft über den Lachs, streue die Chiasamen, gehackten Walnüsse und den frischen Basilikum darüber. Guten Appetit.

Hirsotto mit Wildfleisch

Zubereitungszeit: 35 Minuten
Portionen: 1 Person

Zutaten:

- 80 g Hirse, gewaschen und abgetropft
- 150 g Wildfleisch (z.B. Reh), in kleine Stücke geschnitten
- 2 TL natives Olivenöl extra
- 1 kleine Karotte, gewürfelt
- 1/4 Zucchini, gewürfelt
- 1/4 Brokkoli, in kleine Röschen zerteilt
- 1 kleine Schalotte, fein gehackt (Nur in geringen Mengen erlaubt, abhängig von individueller Verträglichkeit)
- 1 Knoblauchzehe, fein gehackt
- 250 ml Wasser
- 1 EL frischer Rosmarin, gehackt
- Salz und Schwarzer Pfeffer zum Abschmecken
- 2 EL Mandelmilch, ungesüßt
- 1 EL Walnüsse, gehackt

Zubereitung:

1. In einer Pfanne 1 TL Olivenöl erhitzen und die Schalotte und den Knoblauch darin glasig anbraten. Die Hirse dazugeben und kurz mit anbraten.

2. Mit Wasser ablöschen und zum Kochen bringen. Auf mittlerer Hitze ca. 20 Minuten köcheln lassen, bis die Hirse weich ist und das Wasser aufgesogen hat.

3. In der Zwischenzeit in einer anderen Pfanne das restliche Olivenöl erhitzen. Das Wildfleisch darin von allen Seiten scharf anbraten. Dann das Fleisch aus der Pfanne nehmen und beiseite stellen.

4. Im gleichen Öl die Karotte, Zucchini und Brokkoli anbraten, bis sie leicht Farbe annehmen.

5. Das Gemüse zur Hirse geben und gut vermischen. Den Rosmarin dazugeben und mit Salz und Pfeffer abschmecken.

6. Zum Schluss die Mandelmilch dazugeben und gut unterrühren, bis das Hirsotto cremig wird. Das Hirsotto auf einen Teller geben, das Wildfleisch darauf anrichten und mit gehackten Walnüssen bestreuen.

Gebratene Forelle mit Artischocken

Zubereitungszeit: 30 Minuten
Portionen: 1 Person

Zutaten:

- 1 Forelle, ausgenommen und geschuppt
- 2 frische Artischocken, geputzt und halbiert
- 2 EL natives Olivenöl extra
- 1 Bio-Zitrone, in Scheiben geschnitten
- 1 TL frischer Thymian, gehackt
- 1 TL frischer Rosmarin, gehackt
- 1 Knoblauchzehe, fein gehackt
- Salz und schwarzer Pfeffer nach Geschmack
- 50 ml Wasser
- 2 EL Petersilie, gehackt (zum Garnieren)

Zubereitung:

1. Du beginnst damit, die Forelle von beiden Seiten mit Salz und Pfeffer zu würzen. Lass sie dann kurz ruhen, damit die Gewürze einziehen können.

2. In einer großen Pfanne das Olivenöl erhitzen. Die Forelle von beiden Seiten jeweils 5-7 Minuten anbraten, bis sie goldbraun ist. Danach nimmst du sie aus der Pfanne und lässt sie auf einem Teller ruhen.

3. In der gleichen Pfanne die Artischocken, Knoblauch, Thymian und Rosmarin hinzufügen. Für etwa 5 Minuten anbraten, bis die Artischocken leicht gebräunt sind. Zitronenscheiben hinzufügen und kurz mitbraten.

4. Wasser hinzugießen und den Deckel auf die Pfanne setzen. Die Artischocken 10 Minuten dünsten lassen, bis sie weich sind. Bei Bedarf Wasser nachgießen.

5. Die Forelle zurück in die Pfanne geben und alles nochmals 3 Minuten köcheln lassen.

6. Das Gericht auf einen Teller anrichten, mit frischer Petersilie bestreuen und servieren.

Kabeljau auf Blumenkohlpüree

Zubereitungszeit: 25 Minuten
Portionen: 1 Person

Zutaten:

- 150 g Kabeljaufilet, frisch
- 200 g Blumenkohlröschen, gewaschen und in kleine Stücke geschnitten
- 1 EL natives Olivenöl extra
- 1 TL frischer Ingwer, gerieben
- 2 EL Kokosmilch, ungesüßt
- 1 EL frischer Bio-Zitronensaft
- Eine Prise Kurkuma
- Eine Prise Schwarzer Pfeffer
- Frischer Koriander, gehackt (zum Garnieren)
- Salz nach Geschmack

Zubereitung:

1. Gib den Blumenkohl in einen mittelgroßen Topf, bedecke ihn mit Wasser und füge eine Prise Salz hinzu. Lass ihn auf mittlerer Hitze kochen, bis er weich ist.

2. Während der Blumenkohl kocht, erhitzt du das Olivenöl in einer Pfanne über mittlerer Hitze. Füge den Kabeljau hinzu, würze ihn mit Salz und Pfeffer und brate ihn etwa 3-4 Minuten auf jeder Seite an, bis er gar ist und eine goldene Kruste hat. Nimm den Fisch aus der Pfanne und lege ihn beiseite.

3. Gieße den weichen Blumenkohl ab und gebe ihn in eine Schüssel. Füge die Kokosmilch, den geriebenen Ingwer, den Zitronensaft und den Kurkuma hinzu. Verwende einen Pürierstab oder einen Mixer, um alles zu einem glatten Püree zu verarbeiten. Schmecke mit Salz und Pfeffer ab.

4. Serviere das Blumenkohlpüree auf einem Teller, lege den gebratenen Kabeljau darauf und garniere mit frisch gehacktem Koriander.

Lammkeule mit Thymian und Knoblauch

Zubereitungszeit: 45 Minuten
Portionen: 1 Person

Zutaten:

- 1 kleine Lammkeule (ca. 250 g), küchenfertig
- 2 Knoblauchzehen, fein gehackt
- 2 EL frischer Thymian, fein gehackt
- 2 EL natives Olivenöl extra
- Salz und schwarzer Pfeffer zum Abschmecken
- 200 g Brokkoli, in kleine Röschen geschnitten
- 1 mittelgroßer Zucchini, in Scheiben geschnitten
- 1 EL Kokosöl
- 1 EL Mandelblättchen, geröstet (für Garnierung)

Zubereitung:

1. Die Lammkeule mit Salz und Pfeffer einreiben. Knoblauch und Thymian in einer kleinen Schale mit dem Olivenöl vermischen. Die Lammkeule mit dieser Mischung bestreichen und 15 Minuten marinieren lassen.

2. In der Zwischenzeit eine Pfanne mit Kokosöl erhitzen. Die Brokkoliröschen und Zucchinischeiben hinzufügen und bei mittlerer Hitze 5-7 Minuten anbraten, bis sie leicht gebräunt und noch bissfest sind. Mit Salz und Pfeffer abschmecken und beiseite stellen.

3. Eine weitere Pfanne auf hoher Stufe erhitzen. Die marinierte Lammkeule hineingeben und von beiden Seiten je 4-5 Minuten anbraten, bis sie eine goldbraune Farbe hat und innen noch leicht rosa ist.

4. Die Lammkeule aus der Pfanne nehmen und 5 Minuten ruhen lassen. In der Zwischenzeit den Brokkoli und die Zucchini nochmals erwärmen, falls nötig.

5. Die Lammkeule in Scheiben schneiden und mit dem Brokkoli und der Zucchini auf einem Teller anrichten. Zum Schluss mit gerösteten Mandelblättchen garnieren.

Erbsennudeln mit Hühner-Ingwer-Soße

Zubereitungszeit: 25 Minuten
Portionen: 1 Person

Zutaten:

- 100 g Erbsennudeln
- 150 g Hühnerbrust, in dünne Streifen geschnitten
- 2 TL frischer Ingwer, fein gerieben
- 1 EL natives Olivenöl extra
- 1 kleine Karotte, fein gewürfelt
- 1 frische Champignon, in Scheiben
- 1 kleine Zucchini, gewürfelt
- 100 ml Kokosmilch, ungesüßt
- 1 TL Kurkuma
- Salz und schwarzer Pfeffer nach Geschmack
- 1 TL frischer Basilikum, gehackt
- 1 TL frischer Koriander, gehackt

Zubereitung:

1. In einem mittelgroßen Topf Wasser zum Kochen bringen und die Erbsennudeln nach Packungsanweisung kochen. Wenn sie al dente sind, abgießen und beiseite stellen.

2. In einer Pfanne das Olivenöl erhitzen und die Hühnerstreifen darin scharf anbraten, bis sie goldbraun sind. Herausnehmen und beiseite stellen.

3. Im gleichen Öl den geriebenen Ingwer, Karottenwürfel und Champignonscheiben anbraten, bis sie leicht gebräunt sind.

4. Zucchini hinzufügen und weitere 2-3 Minuten anbraten.

5. Die Kokosmilch in die Pfanne gießen und Kurkuma hinzufügen. Gut umrühren und zum Köcheln bringen.

6. Das angebratene Hühnerfleisch wieder in die Pfanne geben und alles zusammen für 5-7 Minuten köcheln lassen, bis das Hühnerfleisch durchgegart ist und die Soße etwas eingedickt ist.

7. Mit Salz und schwarzem Pfeffer abschmecken.

8. Die gekochten Erbsennudeln in die Soße geben und alles gut vermengen, sodass die Nudeln gut mit der Soße überzogen sind. Zum Schluss mit frisch gehacktem Basilikum und Koriander bestreuen.

Quinoa-Gemüse-Pfanne mit Ei

Zubereitungszeit: 30 Minuten
Portionen: 1 Person

Zutaten:

- 50 g Quinoa
- 1 Bio-Ei
- 1 kleine Karotte, gewürfelt
- 1/4 Zucchini, gewürfelt
- 50 g Brokkoli, in kleine Röschen geschnitten
- 1/4 rote Paprika, gewürfelt (Nur in geringen Mengen erlaubt, abhängig von individueller Verträglichkeit)
- 1 Knoblauchzehe, fein gehackt
- 2 EL Kokosöl
- 1 TL frischer Ingwer, gerieben
- 1 EL frischer Basilikum, gehackt
- 1 EL frische Petersilie, gehackt
- Salz und Schwarzer Pfeffer nach Geschmack
- 1 EL natives Olivenöl extra
- Ein Spritzer frisch gepresster Bio-Zitronensaft

Zubereitung:

1. Quinoa unter fließendem Wasser in einem Sieb gut spülen. In einem Topf mit der doppelten Menge Wasser zum Kochen bringen. Sobald das Wasser kocht, die Hitze reduzieren und den Quinoa 15 Minuten köcheln lassen, bis er gar ist. Anschließend beiseite stellen.

2. In einer Pfanne 1 EL Kokosöl erhitzen. Das Gemüse (Karotte, Zucchini, Brokkoli, Paprika) darin etwa 5-7 Minuten anbraten, bis es bissfest ist. Knoblauch und Ingwer hinzufügen und weitere 2 Minuten braten.

3. Das gekochte Quinoa zum Gemüse in die Pfanne geben und alles gut vermischen. Mit Salz, Pfeffer und einem Spritzer Zitronensaft abschmecken. Basilikum und Petersilie unterheben. Den Inhalt aus der Pfanne nehmen und auf einen Teller geben.

4. Die Pfanne säubern und das restliche Kokosöl darin erhitzen. Das Ei vorsichtig in die Pfanne aufschlagen und nach Wunsch entweder als Spiegelei oder Rührei zubereiten.

5. Das Ei auf die Quinoa-Gemüse-Pfanne setzen, mit Olivenöl beträufeln und servieren.

Wildlachs mit Zitronensoße

Zubereitungszeit: 20 Minuten
Portionen: 1 Person

Zutaten:

- 150 g Wildlachsfilet, frisch
- 1 Bio-Zitrone, Saft und Abrieb
- 2 EL Kokosöl
- 1 EL natives Olivenöl extra
- 2 EL Mandelmilch, ungesüßt
- 2 TL frischer Basilikum, fein gehackt
- 1 TL frischer Rosmarin, fein gehackt
- Salz und Schwarzer Pfeffer, nach Geschmack
- 1 Handvoll frischer Spinat
- 1 EL Pinienkerne, leicht geröstet
- 2 EL Wasser

Zubereitung:

1. Den Wildlachs unter fließendem Wasser abspülen und mit Küchenpapier trocken tupfen. Mit Salz und Pfeffer würzen.

2. In einer Pfanne das Kokosöl erhitzen. Den Lachs darin von beiden Seiten je 3-4 Minuten anbraten, bis er goldbraun und innen noch leicht rosa ist. Aus der Pfanne nehmen und warm halten.

3. Im gleichen Pfannenöl den Zitronenabrieb, Zitronensaft, Olivenöl und Mandelmilch hinzufügen. Alles gut vermengen und kurz aufkochen lassen.

4. Basilikum und Rosmarin hinzugeben und mit Salz und Pfeffer abschmecken. Die Soße sollte eine cremige Konsistenz haben. Falls sie zu dick ist, ein wenig Wasser hinzufügen.

5. In einer separaten Pfanne den Spinat mit 2 EL Wasser kurz dünsten, bis er zusammenfällt.

6. Den Spinat auf einem Teller anrichten, den Wildlachs darauflegen und mit der Zitronensoße übergießen. Zum Schluss mit den gerösteten Pinienkernen bestreuen.

Rindergulasch mit Wurzelgemüse

Zubereitungszeit: 45 Minuten
Portionen: 1 Person

Zutaten:

- 150 g Rindfleisch, in Würfel geschnitten
- 1 mittelgroße Karotte, gewürfelt
- 1 kleine Pastinake, gewürfelt
- 1 kleine Mairübe, gewürfelt
- 2 EL Kokosöl
- 1 kleines Stück Ingwer (ca. 2 cm), fein gehackt
- 1 kleine Bio-Zitrone, Schale abgerieben
- 250 ml Wasser
- 1 TL Kurkuma
- 1 TL Majoran
- Salz und schwarzer Pfeffer nach Geschmack
- 1 EL frischer Rosmarin, fein gehackt
- 1 TL Chiasamen (zum Andicken)

Zubereitung:

1. Erhitze in einem Topf das Kokosöl. Gib die Rindfleischwürfel hinzu und brate sie an, bis sie von allen Seiten braun sind.

2. Füge das gewürfelte Wurzelgemüse hinzu und dünste es ein paar Minuten mit.

3. Nun den gehackten Ingwer, die abgeriebene Zitronenschale, Kurkuma und Majoran hinzugeben. Alles gut umrühren.

4. Mit Wasser ablöschen und zum Kochen bringen.

5. Reduziere die Hitze, decke den Topf ab und lasse das Gulasch für etwa 30 Minuten köcheln, bis das Fleisch und das Gemüse zart sind.

6. Kurz vor Ende der Kochzeit den frischen Rosmarin hinzufügen.

7. Zum Andicken des Gulaschs die Chiasamen unterrühren und weitere 5 Minuten köcheln lassen.

8. Mit Salz und Pfeffer abschmecken.

Spinat-Hühner-Auflauf

Zubereitungszeit: 30 Minuten
Portionen: 1 Person

Zutaten:

- 150 g frischer Spinat, gewaschen und grob gehackt
- 100 g Hühnerbrust, in Würfel geschnitten
- 1 Bio-Ei
- 50 ml Kokosmilch, ungesüßt
- 1 TL frischer Ingwer, fein gerieben
- 1 Knoblauchzehe, fein gehackt
- 1 EL natives Olivenöl extra
- 1 EL Sonnenblumenkerne
- Salz und schwarzer Pfeffer zum Abschmecken
- 1 EL frischer Basilikum, gehackt

Zubereitung:

1. Heize deinen Ofen auf 180 Grad vor.

2. In einer Pfanne das Olivenöl erhitzen. Hühnerbrustwürfel hinzugeben und von allen Seiten anbraten, bis sie leicht goldbraun sind. Den fein gehackten Knoblauch und geriebenen Ingwer dazugeben und kurz mitbraten.

3. Den Spinat in die Pfanne geben und kurz mitdünsten, bis er zusammenfällt. Mit Salz und Pfeffer abschmecken.

4. Die Spinat-Hühner-Mischung in eine kleine, ofenfeste Form geben.

5. In einer Schüssel das Ei mit der Kokosmilch verquirlen und mit Salz und Pfeffer abschmecken. Über die Spinat-Hühner-Mischung gießen.

6. Mit Sonnenblumenkernen bestreuen und im vorgeheizten Ofen für etwa 20 Minuten backen oder bis die Ei-Mischung fest ist und leicht goldbraun wird.

7. Vor dem Servieren mit frischem Basilikum bestreuen. Guten Appetit!

Snacks

Mandel-Hanf-Energiekugeln

Zubereitungszeit: 15 Minuten
Portionen: 1 Person

Zutaten:

- 60 g Mandeln, grob gehackt
- 40 g Hanfsamen
- 50 g Kokosraspel
- 3 EL glutenfreie Haferflocken
- 2 EL Kokosöl, geschmolzen
- 6 EL Mandelmilch, ungesüßt
- 1 EL Chiasamen
- 2 TL Vanille
- 1 Prise Salz
- 3 EL zuckerarmes Obst nach Wahl (z.B. Beeren, klein geschnitten)
- 1 TL Zimt

Zubereitung:

1. In einer großen Schüssel die Mandeln, Hanfsamen, Kokosraspel und Haferflocken vermengen.

2. Das geschmolzene Kokosöl und die Mandelmilch hinzufügen und gut unterrühren.

3. Nun Chiasamen, Vanille, Salz, das zuckerarme Obst und Zimt hinzufügen. Alles gut miteinander vermengen, bis eine klebrige Masse entsteht.

4. Mit den Händen kleine Kugeln formen und auf ein mit Backpapier belegtes Tablett legen.

5. Die Energiekugeln für etwa 1 Stunde in den Kühlschrank stellen, bis sie fest geworden sind. Fertig.

Kokos-Joghurt mit Chiasamen

Zubereitungszeit: 10 Minuten inkl. 2 Stunden Einweichzeit
Portionen: 1 Person

Zutaten:

- 200 ml Kokosjoghurt, ungesüßt
- 2 EL Chiasamen
- 1 Apfel, gewürfelt
- 1 Handvoll frische Beeren (Erdbeeren, Himbeeren, Heidelbeeren etc.), gewaschen
- 1 TL Kokosraspel
- 1 TL Mandeln, gehackt
- Ein Spritzer Bio-Limettensaft
- 1 TL Kokosöl
- Eine Prise Zimt

Zubereitung:

1. Die Chiasamen in eine Schale geben und mit 4 EL Wasser mischen. Für etwa 2 Stunden quellen lassen, bis eine gelartige Konsistenz entsteht.

2. Währenddessen den Apfel waschen, entkernen und in kleine Würfel schneiden.

3. Den Kokosjoghurt in eine Schale geben und die gequollenen Chiasamen unterrühren.

4. Die Apfelwürfel und Beeren vorsichtig unter den Joghurt-Chia-Mix heben.

5. Das Kokosöl in einer kleinen Pfanne erhitzen. Mandeln hinzufügen und leicht anrösten, bis sie goldbraun sind. Achtung: Mandeln können schnell verbrennen, also immer gut rühren und ein Auge darauf haben!

6. Den Kokos-Joghurt-Chia-Mix in eine Schale geben, mit den gerösteten Mandeln, Kokosraspeln und einer Prise Zimt bestreuen.

7. Zum Schluss mit einem Spritzer Bio-Limettensaft verfeinern. Guten Appetit.

Avocado-Chips

Zubereitungszeit: 20 Minuten
Portionen: 1 Person

Zutaten:

- 1 reife Avocado, geschält und entkernt
- 2 EL Kokosmehl
- 2 TL Chiasamen, gemahlen
- Saft einer Bio-Zitrone
- Salz nach Geschmack
- Eine Prise Paprika
- 1 EL natives Olivenöl extra

Zubereitung:

1. Heize deinen Ofen auf 180 Grad vor.
2. In einer mittelgroßen Schüssel die Avocado mit einer Gabel gut zerdrücken.
3. Gib den Zitronensaft hinzu und mische gut durch.
4. Füge Kokosmehl und gemahlene Chiasamen in die Schüssel hinzu und verrühre alles gut miteinander, bis eine gleichmäßige Masse entsteht.
5. Würze die Avocado-Masse mit Salz und Paprika. Gut umrühren.
6. Lege ein Backblech mit Backpapier aus und tröpfle das Olivenöl darauf. Verstreiche das Öl gleichmäßig mit einem Backpinsel.
7. Mit einem Teelöffel kleine Portionen der Avocado-Masse auf das Backpapier setzen und flach drücken, so dass sie die Form von kleinen Chips haben.
8. Setze das Backblech in den vorgeheizten Ofen und backe die Avocado-Chips für 10-15 Minuten oder bis sie fest und leicht goldbraun sind. Behalte sie im Auge, damit sie nicht verbrennen!
9. Nimm das Blech aus dem Ofen und lass die Avocado-Chips ein paar Minuten abkühlen, bevor du sie servierst.

Beeren-Nuss-Mix

Zubereitungszeit: 15 Minuten
Portionen: 1 Person

Zutaten:

- 100 g gemischte Beeren (Erdbeeren, Himbeeren, Heidelbeeren)
- 30 g Walnüsse, grob gehackt
- 1 reife Avocado, entkernt und geschält
- 3 EL Kokosjoghurt, ungesüßt
- 1 EL Kokosraspel
- 1 TL Chiasamen
- 1 TL frischer Limettensaft von einer Bio-Limette
- 1 TL frischer Ingwer, fein gerieben
- Eine Prise Vanille und Zimt

Zubereitung:

1. In einer kleinen Schüssel die Beeren vorsichtig waschen und gut abtropfen lassen.

2. In einer anderen Schüssel die Avocado mit dem Kokosjoghurt pürieren, bis eine glatte Creme entsteht.

3. Den frisch geriebenen Ingwer, Limettensaft, Vanille und Zimt zur Avocado-Kokos-Creme geben und gut vermengen.

4. Die Creme auf einen Teller oder in eine Schüssel geben.

5. Die Beeren und die grob gehackten Walnüsse darüber verteilen.

6. Mit Kokosraspeln und Chiasamen bestreuen.

Erdmandelcreme auf Gurkenscheiben

Zubereitungszeit: 20 Minuten
Portionen: 1 Person

Zutaten:

- 1 große Gurke, gewaschen und in dünne Scheiben geschnitten
- 50 g Erdmandelmehl
- 100 ml ungesüßte Mandelmilch
- 2 EL Kokosöl, geschmolzen
- 1 EL frischer Bio-Zitronensaft
- Eine Prise Salz
- Einige frische Beeren (z.B. Himbeeren oder Heidelbeeren) zum Garnieren
- Einige frische Minzblätter, fein gehackt, zum Garnieren

Zubereitung:

1. Gib das Erdmandelmehl, die Mandelmilch, das geschmolzene Kokosöl, den Zitronensaft und die Prise Salz in eine Schüssel und vermenge alles gründlich miteinander, bis eine cremige Masse entsteht.

2. Lege die Gurkenscheiben auf ein Servierbrett oder einen Teller.

3. Verteile mit einem Löffel oder einem Spritzbeutel die Erdmandelcreme gleichmäßig auf den Gurkenscheiben.

4. Garniere jede mit Creme bestrichene Gurkenscheibe mit einigen frischen Beeren und streue die fein gehackten Minzblätter darüber.

Sellerie mit Avocadomus

Zubereitungszeit: 15 Minuten
Portionen: 1 Person

Zutaten:

- 1 mittelgroße Sellerieknolle, geschält und in dünne Scheiben geschnitten
- 1 reife Avocado, halbiert, entkernt und Fruchtfleisch herausgelöst
- 1 EL frischer Zitronensaft von einer Bio-Zitrone
- 2 TL frischer Ingwer, fein gehackt
- Salz und Schwarzer Pfeffer nach Geschmack
- 1 EL natives Olivenöl extra
- 1 TL frischer Basilikum, fein gehackt
- 1 EL Walnüsse, grob gehackt

Zubereitung:

1. Die Selleriescheiben in einem Topf mit kochendem Wasser für 5-7 Minuten blanchieren, bis sie weich, aber noch bissfest sind. Anschließend abgießen und mit kaltem Wasser abschrecken.

2. Für das Avocadomus: Das Fruchtfleisch der Avocado in eine Schüssel geben und mit einer Gabel fein zerdrücken. Zitronensaft, Ingwer, Salz und Pfeffer hinzufügen und gut vermengen.

3. Die blanchierten Selleriescheiben auf einem Teller anrichten. Das Avocadomus gleichmäßig auf den Selleriescheiben verteilen.

4. In einer kleinen Pfanne das Olivenöl erhitzen. Die gehackten Walnüsse darin leicht anrösten, bis sie duften. Über das Avocadomus streuen.

5. Zum Schluss mit frisch gehacktem Basilikum bestreuen und servieren.

Rote-Beete-Chips

Zubereitungszeit: 30 Minuten
Portionen: 1 Person

Zutaten:

- 1 mittelgroße Rote Beete, gewaschen und in dünne Scheiben geschnitten
- 2 EL natives Olivenöl extra
- 1 TL frisch gehackter Rosmarin
- 1/2 TL Meersalz
- Eine Prise frisch gemahlener schwarzer Pfeffer
- 1 TL frischer Zitronensaft von einer Bio-Zitrone

Zubereitung:

1. Heize deinen Ofen auf 180 Grad vor und lege ein Backblech mit Backpapier aus.

2. Trockne die Rote-Beete-Scheiben mit Küchenpapier gut ab. Das verhindert, dass sie im Ofen zu sehr dampfen und sorgt dafür, dass sie knusprig werden.

3. In einer Schüssel vermische das Olivenöl, Rosmarin, Salz und Pfeffer miteinander. Füge die Rote Beete hinzu und vermische alles gut, sodass jede Scheibe gut mit der Ölmischung bedeckt ist.

4. Verteile die Rote-Beete-Scheiben gleichmäßig auf dem Backblech. Achte darauf, dass sie sich nicht überlappen.

5. Backe sie für etwa 15-20 Minuten im Ofen. Die genaue Backzeit hängt von der Dicke der Scheiben ab. Halte also ein Auge darauf und drehe die Scheiben nach der Hälfte der Backzeit einmal um.

6. Sobald die Rote-Beete-Chips knusprig sind und leicht gebräunt, nimm sie aus dem Ofen und beträufle sie mit dem frischen Zitronensaft.

7. Lass sie vor dem Verzehr etwas abkühlen. Guten Appetit.

Mohn-Cracker mit Cashewmus

Zubereitungszeit: 20 Minuten
Portionen: 1 Person

Zutaten:

- 50 g Mohn
- 100 g Buchweizenmehl
- 30 ml Wasser
- 1 TL Kokosöl
- Eine Prise Salz
- 1 EL frische Kräuter (z.B. Rosmarin oder Thymian), fein gehackt
- 2 EL Cashewmus

Zubereitung:

1. Den Backofen auf 180 Grad vorheizen.

2. In einer Schüssel Mohn und Buchweizenmehl vermischen.

3. Wasser und Kokosöl in einem kleinen Topf erhitzen, bis das Kokosöl geschmolzen ist. Dann zu der Mehlmischung hinzugeben.

4. Salz und die frisch gehackten Kräuter zur Masse hinzufügen und alles zu einem geschmeidigen Teig verkneten.

5. Zwischen zwei Backpapieren den Teig dünn ausrollen, etwa 2-3 mm dick.

6. Mit einem scharfen Messer oder einem Pizzaroller den Teig in quadratische Cracker schneiden.

7. Die Cracker auf ein mit Backpapier belegtes Backblech legen und im vorgeheizten Ofen für etwa 12-15 Minuten goldbraun backen.

8. Nach dem Herausnehmen die Cracker vollständig abkühlen lassen, damit sie knuspriger werden.

9. Zum Servieren einen Klecks Cashewmus auf jeden Cracker geben.

Radieschen mit Hummus

Zubereitungszeit: 20 Minuten
Portionen: 1 Person

Zutaten:

- 8 Radieschen, gewaschen und in Hälften geschnitten
- 1 EL Sonnenblumenkerne
- 1 Bio-Zitrone, Saft und Schale
- 2 EL natives Olivenöl extra
- 2 TL Tahini (Sesampaste)
- 1 kleine Knoblauchzehe, fein gehackt
- 50 g gekochter Quinoa
- Einige Blätter frischer Basilikum, fein gehackt
- Einige Blätter frischer Koriander, fein gehackt
- Salz und schwarzer Pfeffer nach Geschmack

Zubereitung:

1. Beginne damit, den Quinoa nach Packungsanleitung zu kochen und zur Seite zu stellen.

2. Während der Quinoa kocht, gib Tahini, Knoblauch, Zitronensaft, Olivenöl, Salz und Pfeffer in eine Schüssel und verrühre alles gründlich miteinander.

3. Die Radieschenhälften und den gekochten Quinoa unter das Tahini-Gemisch heben und alles gut vermengen.

4. Den Basilikum und Koriander fein hacken und unter den Hummus mischen.

5. Den Hummus in eine Schüssel geben und mit den Sonnenblumenkernen und etwas Zitronenschale bestreuen. Guten Appetit.

Kokos-Beeren-Snack

Zubereitungszeit: 20 Minuten
Portionen: 1 Person

Zutaten:

- 50 g Kokosjoghurt, ungesüßt
- 30 g Himbeeren, frisch
- 30 g Heidelbeeren, frisch
- 30 g Erdbeeren, frisch und geviertelt
- 2 EL Kokosraspel
- 1 EL Chiasamen
- 1 TL Kokosöl
- 1 TL Honig oder eine Prise Stevia (optional)
- Ein Spritzer frischer Bio-Zitronensaft
- Eine Prise Vanille

Zubereitung:

1. Du nimmst eine mittelgroße Schüssel und gibst den Kokosjoghurt hinein.

2. In einer kleinen Pfanne erhitzt du das Kokosöl bei mittlerer Hitze. Sobald es geschmolzen ist, fügst du die Kokosraspel hinzu und röstest sie leicht an, bis sie goldbraun sind.

3. Gib die gerösteten Kokosraspel zum Joghurt in die Schüssel.

4. Füge nun die Himbeeren, Heidelbeeren und Erdbeeren zum Joghurt hinzu.

5. Bestreue den Joghurt mit Chiasamen und mische das Ganze gut durch.

6. Falls du es etwas süßer magst, kannst du jetzt etwas Honig oder Stevia hinzufügen.

7. Zum Abschluss gibst du einen Spritzer Zitronensaft und die Prise Vanille darüber und mischt alles noch einmal gut durch.

Spinat-Walnuss-Bällchen

Zubereitungszeit: 25 Minuten
Portionen: 1 Person

Zutaten:

- 200 g frischer Spinat, gewaschen und grob gehackt
- 50 g Walnüsse, grob gehackt
- 1 Bio-Ei
- 2 EL Mandelmehl
- 1 EL natives Olivenöl extra
- 1 TL frischer Ingwer, fein gehackt
- 1 kleine Knoblauchzehe, gepresst
- 2 EL frische Petersilie, fein gehackt
- Salz und schwarzer Pfeffer nach Geschmack

Zubereitung:

1. Heize deinen Backofen auf 200 Grad vor.

2. In einer großen Schüssel den Spinat, Walnüsse, das Ei, Mandelmehl, Ingwer, Knoblauch und die Petersilie vermischen. Mit Salz und Pfeffer abschmecken.

3. Forme aus der Masse kleine Bällchen und lege sie auf ein mit Backpapier ausgelegtes Backblech.

4. Träufele das Olivenöl über die Bällchen.

5. Backe die Bällchen im vorgeheizten Backofen für etwa 15 Minuten oder bis sie fest und goldbraun sind.

6. Die Bällchen kurz abkühlen lassen und danach servieren.

Desserts

Kokos-Himbeer-Eis

Zubereitungszeit: 15 Minuten inkl. Gefrierzeit
Portionen: 1 Person

Zutaten:

- 150 ml Kokosmilch, ungesüßt
- 100 g frische Himbeeren
- 2 TL Chiasamen
- 2 EL Kokosraspel
- 1 TL frisch gepresster Saft von Bio-Limetten
- 1 EL glutenfreie Haferflocken
- Ein Stückchen frischer Ingwer (ca. 1 cm), fein gerieben
- 1 EL Erdmandelcreme, optional

Zubereitung:

1. Die Himbeeren in einer Schüssel zerdrücken, bis ein grobes Püree entsteht.

2. Füge die Kokosmilch, Chiasamen, Kokosraspel, Haferflocken, Limettensaft und den frisch geriebenen Ingwer hinzu und verrühre alles gut miteinander.

3. Falls gewünscht, füge Erdmandelcreme für eine leichte Süße hinzu und vermische alles gründlich.

4. Gieße die Mischung in eine eisgeeignete Form oder einen Behälter und stelle ihn für mindestens 4 Stunden oder über Nacht in den Gefrierschrank.

5. Sobald das Eis fest ist, lasse es kurz an der Raumluft stehen, um es leichter portionieren zu können. Dann mit einem Löffel Kugeln formen und servieren.

Quinoa-Pfirsich-Crumble

Zubereitungszeit: 25 Minuten
Portionen: 1 Person

Zutaten:

- 50 g Quinoa, gewaschen
- 1 Pfirsich, entkernt und gewürfelt
- 20 g Mandeln, grob gehackt
- 15 g Kokosraspel
- 1 EL Kokosöl
- 1 TL Zimt
- 1 EL Honig
- 1 Prise Salz
- 1 EL Kokosjoghurt, ungesüßt

Zubereitung:

1. Setze in einem kleinen Topf Wasser auf und koche den Quinoa gemäß den Anweisungen auf der Verpackung. Lasse den Quinoa abtropfen und stelle ihn beiseite.

2. Während der Quinoa kocht, erhitzt du das Kokosöl in einer Pfanne über mittlerer Hitze. Füge die gewürfelten Pfirsiche hinzu und brate sie für etwa 3-4 Minuten, bis sie leicht weich sind. Mische den Honig und Zimt darunter und lasse es weitere 2 Minuten köcheln.

3. Füge den gekochten Quinoa, gehackten Mandeln und Kokosraspeln in die Pfanne und vermische alles gut. Brate die Mischung unter Rühren für weitere 5 Minuten oder bis die Mischung leicht kross ist.

4. Nimm die Pfanne vom Herd und lasse das Crumble etwas abkühlen.

5. Serviere das Crumble in einer Schale und gib einen EL Kokosjoghurt darüber.

Mandel-Apfelkuchen

Zubereitungszeit: 40 Minuten
Portionen: 1 Person

Zutaten:

- 1 mittelgroßer Apfel, gewaschen, entkernt und in dünne Scheiben geschnitten
- 50 g Mandeln, grob gehackt
- 60 g Mandelmehl
- 1 Bio-Ei
- 50 ml Mandelmilch, ungesüßt
- 1 TL Vanille
- 2 EL Kokosöl, geschmolzen
- 1 TL Backpulver, glutenfrei
- 1 EL Chiasamen
- 1 EL Kokosraspel
- 1 Prise Salz
- 1 TL Zimt
- 1 EL frisch gepresster Zitronensaft von einer Bio-Zitrone

Zubereitung:

1. Heize deinen Ofen auf 180 Grad vor.

2. Mische in einer Schüssel das Mandelmehl, Backpulver, Chiasamen, Kokosraspel, Zimt und Salz.

3. In einer anderen Schüssel schlage das Ei auf und mische es mit der Mandelmilch, geschmolzenem Kokosöl, Vanille und Zitronensaft.

4. Gib die feuchten Zutaten zu den trockenen und rühre alles gut um, bis eine homogene Masse entsteht.

5. Füge die Apfelscheiben und gehackten Mandeln hinzu und rühre leicht um, bis sie gleichmäßig im Teig verteilt sind.

6. Gieße den Teig in eine vorbereitete Kuchenform (ca. 20 cm Durchmesser) und glätte die Oberfläche mit einem Spatel.

7. Backe den Kuchen im vorgeheizten Ofen für 25-30 Minuten, oder bis ein Zahnstocher sauber herauskommt, wenn man ihn in die Mitte des Kuchens steckt.

8. Lass den Kuchen einige Minuten in der Form abkühlen, bevor du ihn herausnimmst und auf einem Kuchengitter vollständig abkühlen lässt.

Schokoladen-Chia-Pudding

Zubereitungszeit: 15 Minuten
Portionen: 1 Person

Zutaten:

- 2 EL Chiasamen
- 150 ml Mandelmilch, unge-süßt
- 20 g Zartbitterschokolade (70% Kakao), grob gehackt
- 1 TL Kokosraspel
- 1/2 TL Vanille
- Eine kleine Prise Zimt
- 1 Bio-Zitrone, Abrieb
- 1 EL Beeren (z.B. Erdbeeren, Himbeeren oder Heidelbeeren) zum Garnieren

Zubereitung:

1. In einem kleinen Topf die Mandelmilch leicht erhitzen. Die gehackte Zartbitterschokolade hinzufügen und unter ständigem Rühren schmelzen lassen. Achte darauf, dass die Mischung nicht kocht!

2. Den Topf vom Herd nehmen und Vanille, Zimt sowie den Abrieb einer Bio-Zitrone einrühren. Alles gut vermischen, bis die Flüssigkeit eine gleichmäßige, schokoladige Konsistenz hat.

3. Die Chiasamen in eine Schüssel geben und die warme Schokoladen-Mandelmilch darüber gießen. Gut umrühren, sodass alle Chiasamen von der Flüssigkeit bedeckt sind.

4. Den Pudding für etwa 10 Minuten ruhen lassen und dann erneut umrühren. Dies verhindert, dass die Chiasamen am Boden kleben bleiben.

5. Den Pudding für mindestens 2 Stunden, am besten über Nacht, in den Kühlschrank stellen.

6. Vor dem Servieren den Pudding nochmals gut umrühren. In ein Glas oder eine Schüssel geben, mit frischen Beeren garnieren und mit Kokosraspeln bestreuen. Lass es dir schmecken.

Beeren-Avocado-Mousse

Zubereitungszeit: 15 Minuten
Portionen: 1 Person

Zutaten:

- 1 reife Avocado, entkernt und geschält
- 50 g gemischte Beeren (z.B. Himbeere, Erdbeere, Heidelbeere), frisch oder tiefgekühlt
- 1 EL frischer Zitronensaft von einer Bio-Zitrone
- 1 TL Kokosmehl
- 50 ml Kokosmilch, ungesüßt
- 1 TL Chiasamen
- Eine Prise Vanille und Zimt
- 2 EL Mandelmilch oder Mandeljoghurt, ungesüßt

Zubereitung:

1. In einem Mixer oder mit einem Stabmixer die Avocado mit den Beeren fein pürieren, bis eine homogene Masse entsteht.

2. Frischen Zitronensaft, Kokosmehl und Kokosmilch hinzufügen und erneut mixen, bis alles gut miteinander vermengt ist.

3. Chiasamen, Vanille und Zimt in die Mischung einrühren.

4. Sollte das Mousse zu fest sein, je nach Wunsch Mandelmilch oder Mandeljoghurt hinzufügen und erneut mixen, bis die gewünschte Konsistenz erreicht ist.

5. Die Mousse in ein Glas oder eine Schale füllen und für etwa 10 Minuten im Kühlschrank ziehen lassen.

Mango-Kokos-Creme

Zubereitungszeit: 15 Minuten
Portionen: 1 Person

Zutaten:

- 1 Bio-Zitrone, Abrieb und Saft
- 1 reife Avocado, geschält und entkernt
- 2 EL Kokosmilch, ungesüßt
- 50 g Beeren (Erdbeere, Himbeere oder Blaubeere)
- 1 TL Kokosraspel
- 1 EL Chiasamen
- 1 TL Honig
- 1 TL Vanille, gemahlen
- Eine Prise Salz

Zubereitung:

1. Nimm die Zitrone und reibe zuerst die Schale ab, um den Zitronenabrieb zu erhalten. Halbiere die Zitrone und presse den Saft aus.

2. In einem Mixer die geschälte und entkernte Avocado zusammen mit dem Zitronensaft und -abrieb hinzufügen.

3. Füge die Kokosmilch, Beeren, Kokosraspel, Chiasamen und Vanille hinzu. Mische alles zu einer gleichmäßigen Creme.

4. Abschmecken und bei Bedarf mit Honig süßen und eine Prise Salz hinzufügen. Die Creme sollte eine geschmeidige Konsistenz haben.

5. Fülle die Creme in eine Schale und streue bei Bedarf noch ein paar Kokosraspel und Beeren darüber.

Zitronen-Basilikum-Sorbet

Zubereitungszeit: 20 Minuten inkl. Gefrierzeit
Portionen: 1 Person

Zutaten:

- 1 Bio-Zitrone, Saft und Abrieb
- 2 EL frischer Basilikum, fein gehackt
- 50 ml Wasser
- 2 EL Mandelmus
- 2 EL Honig oder Agavendicksaft
- Eine Prise Salz
- Einige frische Heidelbeeren für die Garnierung

Zubereitung:

1. In einem kleinen Topf das Wasser und Honig oder Agavendicksaft erhitzen. Gut umrühren, bis sich alles aufgelöst hat.

2. Den Topf vom Herd nehmen und den Zitronensaft sowie den Zitronenabrieb hinzufügen.

3. Nun das Mandelmus einrühren, sodass eine glatte Masse entsteht. Dann eine Prise Salz hinzufügen.

4. Lass die Mischung etwas abkühlen und rühre dann den fein gehackten Basilikum unter.

5. Gieße die Flüssigkeit in eine flache, gefrierfeste Schale und stelle sie für mindestens 4 Stunden in den Gefrierschrank. Zwischendurch immer mal wieder umrühren, damit sich keine Eiskristalle bilden.

6. Wenn das Sorbet die gewünschte Konsistenz hat, nimm es aus dem Gefrierschrank und lasse es etwa 10 Minuten antauen.

7. Mit einem Eisportionierer Kugeln formen und mit frischen Heidelbeeren garnieren.

Dunkle Schokolade mit Meersalz und Mandeln

Zubereitungszeit: 25 Minuten
Portionen: 1 Person

Zutaten:

- 40 g Zartbitterschokolade (70% Kakao)
- 1 TL Kokosöl
- Eine Prise Meersalz
- 5 Mandeln, grob gehackt
- Einige frische Himbeeren (optional)

Zubereitung:

1. In einem kleinen Topf das Kokosöl bei niedriger Hitze schmelzen.
2. Sobald das Kokosöl flüssig ist, die Zartbitterschokolade hinzufügen und ständig rühren, bis sie vollständig geschmolzen ist.
3. Eine kleine Backform oder einen Teller mit Backpapier auslegen.
4. Die geschmolzene Schokoladenmischung vorsichtig darauf gießen und gleichmäßig verteilen, sodass eine dünne Schicht entsteht.
5. Die gehackten Mandeln gleichmäßig über die noch flüssige Schokolade streuen.
6. Mit einer Prise Meersalz bestreuen.
7. Wenn du möchtest, einige frische Himbeeren auf die Schokolade legen, um einen fruchtigen Geschmack hinzuzufügen.
8. Den Teller oder die Form in den Kühlschrank stellen und mindestens 20 Minuten aushärten lassen.
9. Sobald die Schokolade fest ist, aus dem Kühlschrank nehmen und in gewünschte Stücke brechen.

Vanille-Hirse-Pudding

Zubereitungszeit: 25 Minuten
Portionen: 1 Person

Zutaten:

- 50 g Hirse, gewaschen
- 250 ml Kokosmilch, ungesüßt
- 1 Bio-Zitrone, Abrieb und ein wenig Saft
- 1 TL Vanilleextrakt
- 1 EL Chiasamen
- Eine Prise Salz
- Frische Beeren (z.B. Erdbeeren, Himbeeren oder Blaubeeren) zum Garnieren
- 1 EL Kokosraspel zum Bestreuen

Zubereitung:

1. Gib die gewaschene Hirse in einen Topf und füge die Kokosmilch hinzu.

2. Lass die Hirse-Kokosmilch-Mischung unter gelegentlichem Rühren auf mittlerer Hitze aufkochen.

3. Sobald die Mischung kocht, reduziere die Hitze und lasse sie 15 Minuten langsam köcheln, bis die Hirse weich ist und die Flüssigkeit größtenteils aufgenommen wurde.

4. Füge während des Kochens den Zitronenabrieb, Zitronensaft und den Vanilleextrakt hinzu.

5. Wenn die Hirse gar ist, nimm den Topf vom Herd und rühre die Chiasamen unter. Lass den Pudding 5 Minuten quellen, damit er eindickt und die Chiasamen aufquellen können.

6. Mische den Pudding erneut gut durch und fülle ihn in eine Schale oder ein Glas. Lass ihn kurz abkühlen.

7. Garniere den Pudding vor dem Servieren mit den frischen Beeren und bestreue ihn mit Kokosraspeln. Guten Appetit.

Blaubeer-Buchweizen-Tarte

Zubereitungszeit: 40 Minuten
Portionen: 1 Person

Zutaten:

- 50 g Buchweizenmehl
- 20 g Mandelmehl
- 1 Bio-Ei
- 1 EL Kokosöl
- 2 TL Chiasamen
- 50 ml ungesüßte Mandel-
  milch
- 50 g Heidelbeeren, frisch
- 1 TL Vanille
- 1 EL Hanfsamen
- Eine Prise Salz
- 1 EL Zartbitterschokolade
  (70% Kakao), grob gehackt

Zubereitung:

1. Beginne damit, deinen Ofen auf 180 Grad vorzuheizen.

2. In einer Schüssel mischst du das Buchweizenmehl, Mandelmehl, Chiasamen und die Prise Salz.

3. In einer anderen Schüssel schlägst du das Ei auf, gibst das Kokosöl, die Mandelmilch und Vanille dazu und verrührst alles gut miteinander.

4. Füge nun die flüssigen Zutaten zu den trockenen hinzu und rühre alles zu einem glatten Teig.

5. Hebe vorsichtig die Heidelbeeren und die gehackte Zartbitterschokolade unter.

6. Gieße den Teig in eine kleine, gefettete Tarteform (ca. 12 cm Durchmesser) und streue die Hanfsamen darüber.

7. Backe die Tarte für etwa 25 Minuten im Ofen, bis sie fest und goldbraun ist.

8. Lass die Tarte einige Minuten abkühlen, bevor du sie aus der Form nimmst.

Erdbeeren mit Mandelcreme

Zubereitungszeit: 15 Minuten
Portionen: 1 Person

Zutaten:

- 100 g frische Erdbeeren, gewaschen und halbiert
- 50 g Mandeln, grob gehackt
- 2 EL Mandelmus
- 150 ml Mandelmilch, ungesüßt
- 1 TL Honig (optional)
- Eine Prise Vanille
- Ein paar Minzblätter zum Garnieren

Zubereitung:

1. In einem Mixer oder mit einem Pürierstab die Mandeln, Mandelmus, Mandelmilch, Vanille und Honig (falls verwendet) zu einer glatten Creme verarbeiten.

2. Die Hälfte der Erdbeerhälften beiseitelegen. Den Rest in kleine Stücke schneiden und unter die Mandelcreme heben.

3. Die Mandelcreme in eine Dessertschale geben und mit den beiseitegelegten Erdbeerhälften garnieren.

4. Mit ein paar gehackten Mandeln und Minzblättern obendrauf dekorieren.

Apfel-Zimt-Gelée

Zubereitungszeit: 25 Minuten
Portionen: 1 Person

Zutaten:

- 2 Äpfel, gewaschen und grob gehackt
- 250 ml Wasser
- 1 TL frischer Ingwer, fein gerieben
- 1 TL Zimt, gemahlen
- 2 EL Chiasamen
- 1 EL Kokosmehl
- 1 TL frischer Bio-Zitronensaft
- Ein paar Mandeln, grob gehackt (zum Dekorieren)

Zubereitung:

1. Gib die grob gehackten Äpfel in einen Topf zusammen mit dem Wasser, Ingwer und Zimt. Lass alles auf mittlerer Hitze etwa 15-20 Minuten köcheln, bis die Äpfel weich sind.

2. Sobald die Äpfel weich sind, zerdrücke sie mit einer Gabel oder einem Kartoffelstampfer zu einem Brei. Falls die Masse zu trocken ist, füge noch ein wenig Wasser hinzu.

3. Nimm den Topf vom Herd und rühre die Chiasamen und das Kokosmehl unter, bis eine gelartige Konsistenz entsteht.

4. Füge nun den Zitronensaft hinzu und rühre gut um.

5. Gieße das Gelée in ein sauberes Glas und lasse es abkühlen. Wenn es komplett abgekühlt ist, streue ein paar grob gehackte Mandeln darüber.

Kokos-Kürbis-Pie

Zubereitungszeit: 35 Minuten
Portionen: 1 Person

Zutaten:

- 100 g Kürbis, püriert
- 2 EL Kokosmehl
- 2 EL Mandelmehl
- 1 Bio-Ei
- 1 TL Kokosöl, geschmolzen
- 50 ml Kokosmilch, ungesüßt
- 1 TL Zimt
- 1 EL frische Heidelbeeren
- 1 TL Vanille
- 1 EL Mandeln, gehackt
- 1 TL Chiasamen

Zubereitung:

1. Heize deinen Ofen auf 180 Grad vor.

2. In einer mittelgroßen Schüssel vermischt du Kürbispüree, Kokosmilch, Kokosöl und das Ei miteinander. Rühre alles gut durch, bis eine homogene Masse entsteht.

3. Nun gibst du Kokosmehl, Mandelmehl, Zimt und Vanille dazu und vermengst alles sorgfältig.

4. Nimm eine kleine Backform (ca. 18 cm Durchmesser) und lege sie mit Backpapier aus. Verteile die Masse gleichmäßig in der Form.

5. Streue die gehackten Mandeln, Heidelbeeren und Chiasamen über die Masse.

6. Backe den Pie im vorgeheizten Ofen für ca. 25-30 Minuten oder bis die Oberfläche fest und leicht goldbraun ist.

7. Lass den Pie ein paar Minuten abkühlen, bevor du ihn servierst.

Bananen-Kokos-Riegel

Zubereitungszeit: 15 Minuten inkl. 30 Minuten Kühlzeit
Portionen: 1 Person

Zutaten:

- 1 grüne Banane (nicht kom-
  plett ausgereift, damit sie
  zuckerärmer ist), geschält
  und in Scheiben geschnitten
- 50 g Kokosraspel

- 2 EL Chiasamen
- 2 EL Kokosöl, geschmolzen
- 1 TL Zimt
- 1 TL Vanille
- Eine Prise Salz

Zubereitung:

1. Die Bananenscheiben in eine Schüssel geben und mit einer Gabel oder einem Kartoffelstampfer zerdrücken, bis ein gleichmäßiges Püree entsteht.

2. Kokosraspel, Chiasamen, geschmolzenes Kokosöl, Zimt und Vanille hinzufügen. Gut vermischen, bis alles gut miteinander vermischt ist.

3. Eine Form oder ein kleines Blech mit Backpapier auslegen und die Bananen-Kokos-Mischung darauf verteilen. Dabei darauf achten, dass die Masse gleichmäßig verteilt ist und eine Dicke von etwa 1 cm hat.

4. Die Form für 30 Minuten in den Kühlschrank stellen, damit die Masse fest wird.

5. Nach der Kühlzeit die Masse aus dem Kühlschrank nehmen und in Riegel schneiden.

Himbeer-Mandel-Törtchen

Zubereitungszeit: 25 Minuten
Portionen: 1 Person

Zutaten:

- 50 g Mandelmehl
- 1 EL Kokosöl, geschmolzen
- 1 EL Hafermilch, ungesüßt
- 1 TL Chiasamen
- 1 Bio-Ei
- 1 EL Kokosraspel
- 1 TL frische gehackte Minze
- 50 g Himbeeren, gewaschen
- 1 EL Walnüsse, gehackt
- 1 EL Zartbitterschokolade (70% Kakao), grob gehackt

Zubereitung:

1. Den Ofen auf 180 Grad vorheizen. Eine kleine Tarte- oder Muffinform leicht mit Kokosöl einfetten.

2. In einer Schüssel Mandelmehl, geschmolzenes Kokosöl, Hafermilch und das Ei gut vermischen, bis ein glatter Teig entsteht.

3. Chiasamen, Kokosraspel und gehackte Minze zum Teig hinzufügen und gut unterheben.

4. Die Teigmischung in die vorbereitete Form geben und glatt streichen.

5. Himbeeren gleichmäßig über den Teig verteilen. Walnüsse und Zartbitterschokolade darüber streuen.

6. Das Törtchen im vorgeheizten Ofen ca. 15-20 Minuten backen, bis es fest ist und eine goldene Farbe annimmt.

7. Danach aus dem Ofen nehmen und leicht abkühlen lassen.

Glutenfrei

Mandel-Beeren-Muffins

Zubereitungszeit: 25 Minuten
Portionen: 1 Person

Zutaten:

- 30 g Mandelmehl
- 10 g Kokosmehl
- 1 Bio-Ei
- 25 ml Mandelmilch, ungesüßt
- 1 TL Kokosöl
- 1/2 TL Backpulver, glutenfrei
- Eine Prise Salz
- Eine Prise Vanille
- 15 g Beerenmischung (Himbeere, Blaubeere, Erdbeere)
- 5 g Mandelsplitter

Zubereitung:

1. Den Ofen auf 180 Grad vorheizen. Ein Muffinblech mit Papierförmchen auslegen oder leicht einfetten.

2. In einer Schüssel Mandelmehl, Kokosmehl, Backpulver, Salz und Vanille miteinander vermengen.

3. In einer anderen Schüssel das Ei verquirlen. Mandelmilch und Kokosöl hinzufügen und gut verrühren.

4. Die feuchten Zutaten zu den trockenen Zutaten geben und alles zu einem gleichmäßigen Teig verrühren.

5. Die Beerenmischung unterheben.

6. Den Teig gleichmäßig in die Muffinförmchen verteilen und mit Mandelsplittern bestreuen.

7. Im vorgeheizten Ofen ca. 15-18 Minuten backen oder bis ein Holzstäbchen, das in die Mitte eines Muffins gesteckt wird, sauber herauskommt.

8. Aus dem Ofen nehmen und auf einem Kuchengitter abkühlen lassen.

Buchweizen-Pizza mit Gemüse

Zubereitungszeit: 40 Minuten
Portionen: 1 Person

Zutaten:

- 120 g Buchweizenmehl
- 1 TL Backpulver, glutenfrei
- 80 ml Wasser
- 1 EL natives Olivenöl extra
- 1/2 TL Salz
- 3 EL Avocadomus als Basis (anstelle von Tomatensauce)
- 3 frische Champignons, in Scheiben geschnitten
- 4 Brokkoliröschen, klein gehackt
- 1/4 rote Paprika, in dünne Streifen geschnitten (Nur in geringen Mengen erlaubt, abhängig von individueller Verträglichkeit)
- 1 EL Rucola, gewaschen
- 3 Artischockenherzen, geviertelt
- 2 TL frischer Basilikum, gehackt
- 2 EL Mandelmus, leicht erwärmt
- 1 Bio-Ei (optional)
- Frischer schwarzer Pfeffer nach Geschmack

Zubereitung:

1. Heize deinen Ofen auf 180 Grad vor.

2. In einer Schüssel Buchweizenmehl, Backpulver und Salz vermengen. Wasser und Olivenöl hinzufügen und zu einem glatten Teig verkneten.

3. Den Teig auf einem mit Backpapier ausgelegten Backblech ausrollen.

4. Die Oberfläche des Teigs gleichmäßig mit Avocadomus bestreichen.

5. Jetzt belege die Pizza mit Champignons, Brokkoliröschen, Paprikastreifen und Artischockenherzen.

6. Falls gewünscht, ein Bio-Ei in die Mitte der Pizza schlagen.

7. Die Pizza für 20-25 Minuten im Ofen backen, oder bis der Rand knusprig ist und das Ei (falls verwendet) gestockt ist.

8. Aus dem Ofen nehmen und mit Rucola und frischem Basilikum bestreuen.

9. Mandelmus über die Pizza träufeln und mit frischem schwarzen Pfeffer abschmecken.

Zitronen-Mandel-Kuchen

Zubereitungszeit: 40 Minuten
Portionen: 1 Person

Zutaten:

- 1 Bio-Zitrone, gerieben und Saft ausgepresst
- 60 g Mandeln, fein gemahlen
- 1 EL Chiasamen
- 3 EL Wasser
- 50 ml Mandelmilch, ungesüßt
- 30 g Kokosöl, geschmolzen
- 30 g Kokosraspel
- 2 EL Haferflocken, glutenfrei
- 2 TL Backpulver, glutenfrei
- 1 EL Kokosmehl
- 1 EL Honig oder selbstgemachter Fruchtbrei aus zuckerarmen Obstsorten (optional)

Zubereitung:

1. Heize deinen Backofen auf 180 Grad vor.

2. In einer kleinen Schüssel die Chiasamen mit 3 EL Wasser vermengen und 10 Minuten quellen lassen, bis eine gelartige Konsistenz entsteht.

3. Die geriebene Zitronenschale, den Zitronensaft, gemahlene Mandeln, Kokosraspel, Haferflocken, Backpulver und Kokosmehl in eine Rührschüssel geben.

4. Das Kokosöl in einem kleinen Topf oder in der Mikrowelle schmelzen und zur Mischung hinzufügen.

5. Mandelmilch, Chia-Gel und optional den Honig oder Fruchtbrei hinzufügen und alles gut verrühren, bis ein glatter Teig entsteht.

6. Eine kleine Kuchenform oder Auflaufform einfetten oder mit Backpapier auslegen und den Teig hineingießen.

7. Im vorgeheizten Backofen für etwa 25-30 Minuten backen oder bis ein Zahnstocher sauber herauskommt.

8. Den Kuchen aus dem Ofen nehmen und auf einem Gitter komplett auskühlen lassen.

Hirse-Gemüse-Burger

Zubereitungszeit: 30 Minuten
Portionen: 1 Person

Zutaten:

- 50 g Hirse, gewaschen und abgetropft
- 200 ml Wasser
- 1 kleine Karotte, fein gerieben
- 2 EL Zucchini, fein gerieben
- 1 EL frische Champignons, fein gehackt
- 1 Bio-Ei
- 1 EL Mandelmehl
- 1 TL frischer Ingwer, fein gehackt
- Salz und schwarzer Pfeffer nach Geschmack
- 1 TL frischer Basilikum, fein gehackt
- 2 TL Kokosöl zum Braten
- 1 Handvoll Feldsalat zum Servieren
- 1 EL Avocadomus zum Servieren

Zubereitung:

1. Die Hirse in einem Topf mit Wasser zum Kochen bringen. Die Hitze reduzieren und etwa 15 Minuten köcheln lassen, bis das Wasser vollständig aufgenommen ist und die Hirse weich ist. Danach vom Herd nehmen und abkühlen lassen.

2. In einer Schüssel die abgekühlte Hirse, geriebene Karotte, Zucchini, Champignons, Ingwer und Basilikum mischen. Gut vermengen.

3. Das Ei hinzufügen und gründlich vermischen. Mandelmehl hinzufügen und die Masse zu einem festen Teig verarbeiten. Mit Salz und Pfeffer abschmecken.

4. Aus der Masse einen Burger-Pattie formen.

5. Das Kokosöl in einer Pfanne erhitzen. Den Burger-Pattie hineingeben und von beiden Seiten goldbraun anbraten, etwa 4-5 Minuten pro Seite.

6. Den Burger auf einen Teller legen, mit Feldsalat belegen und einen EL Avocadomus draufgeben.

Bananen-Kokosnuss-Brot

Zubereitungszeit: 40 Minuten
Portionen: 1 kleines Brot

Zutaten:

- 1 kleine grüne Banane, püriert
- 50 g Kokosmehl
- 20 g Kokosraspel
- 40 ml Kokosmilch, ungesüßt
- 1 Bio-Ei
- 1 TL Kokosöl, geschmolzen
- 1/2 TL Backpulver, glutenfrei
- Eine Prise Salz
- Eine Prise Zimt
- 1 EL Chiasamen, optional

Zubereitung:

1. Heize deinen Backofen auf 180 Grad vor.

2. Nimm eine kleine Backform und fette sie leicht mit Kokosöl ein.

3. In einer Schüssel vermische die pürierte Banane, Kokosmehl, Kokosraspel und Backpulver.

4. Gib in eine andere Schüssel das Ei, geschmolzenes Kokosöl und Kokosmilch. Rühre alles gut durch.

5. Vermische nun die feuchten Zutaten mit den trockenen Zutaten. Rühre so lange, bis ein gleichmäßiger Teig entsteht. Falls du Chiasamen hinzufügen möchtest, kannst du sie jetzt einrühren.

6. Gieße den Teig in die vorbereitete Backform und streiche ihn glatt.

7. Backe das Brot im vorgeheizten Backofen für etwa 25-30 Minuten oder bis ein Stäbchen, das in die Mitte gesteckt wird, sauber herauskommt.

8. Lass das Brot in der Form für etwa 10 Minuten abkühlen, dann stürze es auf ein Gitter und lass es vollständig abkühlen.

Kürbis-Kokos-Pfannkuchen

Zubereitungszeit: 20 Minuten
Portionen: 1 Person

Zutaten:

- 100 g Kürbispüree (aus gekochtem und püriertem Kürbis)
- 50 ml Kokosmilch, ungesüßt
- 1 Bio-Ei
- 40 g Kokosmehl
- 1 EL Kokosraspel
- 1 TL Backpulver, glutenfrei
- 1 TL Vanille
- 1/2 TL Zimt
- 1 Prise Salz
- Kokosöl zum Anbraten
- Frische Beeren (z.B. Himbeeren, Heidelbeeren) zum Garnieren

Zubereitung:

1. In einer Schüssel das Kürbispüree, Kokosmilch und das Ei gründlich miteinander verrühren, bis eine glatte Masse entsteht.

2. In einer anderen Schüssel Kokosmehl, Kokosraspel, Backpulver, Vanille, Zimt und Salz vermengen. Die trockenen Zutaten zur Kürbismischung geben und gut unterrühren, bis ein gleichmäßiger Teig entsteht.

3. Eine Pfanne auf mittlere Hitze erhitzen und etwas Kokosöl hineingeben.

4. Für jeden Pfannkuchen etwa eine kleine Kelle Teig in die Pfanne geben und 2-3 Minuten von jeder Seite goldbraun braten.

5. Die Pfannkuchen auf einen Teller legen und mit frischen Beeren garnieren. Guten Appetit!

Zucchini-Chia-Brötchen

Zubereitungszeit: 25 Minuten
Portionen: 1 Person

Zutaten:

- 100 g Zucchini, grob geraspelt
- 2 EL Chiasamen
- 2 Bio-Eier
- 100 g Mandelmehl
- 50 g Kokosmehl
- 1 TL Backpulver, glutenfrei
- 1/4 TL Kurkuma, gemahlen
- Eine Prise Salz
- 1 EL Kokosöl
- 1 EL Sonnenblumenkerne

Zubereitung:

1. Den Ofen auf 180 Grad vorheizen.

2. In einer Schüssel die Chiasamen mit 5 EL Wasser vermengen und etwa 10 Minuten quellen lassen, bis eine gelartige Konsistenz entsteht.

3. In der Zwischenzeit die Zucchini grob raspeln und das überschüssige Wasser mit Hilfe eines Küchentuchs ausdrücken.

4. Die Bio-Eier in eine Schüssel aufschlagen und leicht verquirlen. Dann Mandel- und Kokosmehl, Backpulver, Kurkuma und Salz hinzufügen und gut vermischen.

5. Das gequollene Chia-Gel und die geraspelte Zucchini zur Masse hinzufügen und gut unterheben.

6. Mit angefeuchteten Händen vier Brötchen formen und auf ein mit Backpapier belegtes Backblech legen.

7. Die Brötchen mit Kokosöl bestreichen und Sonnenblumenkerne darüberstreuen.

8. Im vorgeheizten Ofen etwa 15-20 Minuten backen, bis sie goldbraun sind und beim Klopfen auf die Unterseite hohl klingen.

9. Die Brötchen aus dem Ofen nehmen und auf einem Kuchengitter auskühlen lassen.

Apfel-Walnuss-Cookies

Zubereitungszeit: 20 Minuten
Portionen: 1 Person

Zutaten:

- 1 mittelgroßer Apfel, gewürfelt
- 50 g Walnüsse, grob gehackt
- 70 g Mandelmehl
- 20 g Kokosraspel
- 1 Bio-Ei
- 2 EL Kokosöl, geschmolzen
- 1 TL Vanilleextrakt
- 1 TL Zimt
- 1/2 TL Backpulver, glutenfrei
- Eine Prise Schwarzer Pfeffer

Zubereitung:

1. Du beginnst, indem du deinen Ofen auf 180 Grad vorheizt und ein Backblech mit Backpapier auslegst.

2. In einer mittelgroßen Schüssel gibst du das Mandelmehl, die Kokosraspel, den Zimt und das Backpulver hinein. Diese trockenen Zutaten vermischst du gut miteinander.

3. In einer separaten Schüssel schlägst du das Ei auf und gibst das geschmolzene Kokosöl und den Vanilleextrakt hinzu. Diese Mischung rührst du, bis alles gut verbunden ist.

4. Die feuchten Zutaten fügst du nun zu den trockenen Zutaten hinzu und mischst alles gut durch. Anschließend fügst du die Apfelstücke und die gehackten Walnüsse hinzu und vermengst alles zu einem gleichmäßigen Teig.

5. Mit Hilfe von zwei Esslöffeln setzt du kleine Portionen des Teigs auf das vorbereitete Backblech.

6. Die Cookies schiebst du in den vorgeheizten Ofen und lässt sie dort für etwa 12-15 Minuten goldbraun backen.

7. Nach der Backzeit nimmst du die Cookies aus dem Ofen und lässt sie kurz auf dem Blech auskühlen, bevor du sie auf ein Kuchengitter legst, um sie vollständig auskühlen zu lassen. Guten Appetit.

Polenta-Gemüse-Auflauf

Zubereitungszeit: 30 Minuten
Portionen: 1 Person

Zutaten:

- 70 g Polenta (Maisgrieß)
- 250 ml Wasser
- 1 TL natives Olivenöl extra
- 1 kleine Zucchini, gewürfelt
- 1 kleine Karotte, gewürfelt
- 3-4 frische Champignons, in Scheiben geschnitten
- 1 Handvoll Spinat, gewaschen
- 1 kleine Knoblauchzehe, fein gehackt
- 50 ml Kokosmilch, ungesüßt
- 1 TL frischer Rosmarin, gehackt
- Salz und Schwarzer Pfeffer nach Geschmack
- 1 EL Mandelsplitter zum Bestreuen

Zubereitung:

1. In einem kleinen Topf das Wasser zum Kochen bringen. Langsam die Polenta einrühren und ständig rühren, bis sie eindickt. Bei niedriger Hitze 5 Minuten köcheln lassen, bis sie cremig ist. Vom Herd nehmen und beiseite stellen.

2. In einer Pfanne das Olivenöl erhitzen. Knoblauch, Zucchini, Karotte und Champignons hinzufügen. 5-7 Minuten anbraten, bis das Gemüse leicht gebräunt und weich ist.

3. Den Spinat hinzufügen und so lange dünsten, bis er zusammenfällt. Rosmarin, Salz und Pfeffer hinzufügen und gut vermengen.

4. Die Gemüsemischung in eine kleine Auflaufform geben. Die Polenta gleichmäßig darüber verteilen.

5. Die Kokosmilch über die Polenta gießen und mit Mandelsplittern bestreuen.

6. Im vorgeheizten Ofen bei 200 Grad für 15-20 Minuten backen, bis die Oberfläche goldbraun ist. Danach kurz abkühlen lassen.

Amaranth-Gemüse-Pfanne

Zubereitungszeit: 25 Minuten
Portionen: 1 Person

Zutaten:

- 70 g Amaranth, gewaschen und abgetropft
- 150 ml Wasser
- 1 kleine Karotte, gewürfelt
- 1/2 Zucchini, gewürfelt
- 5 frische Champignons, in Scheiben geschnitten
- 1/2 rote Paprika, gewürfelt (Nur in geringen Mengen erlaubt, abhängig von individueller Verträglichkeit)
- 2 EL natives Olivenöl extra
- Salz und schwarzer Pfeffer nach Geschmack
- 1 TL frischer Rosmarin, fein gehackt
- 1 TL frischer Thymian, fein gehackt
- 2 EL gehackte Walnüsse
- 2 EL ungesüßte Kokosmilch

Zubereitung:

1. In einem kleinen Topf Wasser zum Kochen bringen. Den Amaranth hinzugeben und auf mittlerer Stufe köcheln lassen, bis er das Wasser aufgenommen hat und weich ist, etwa 15 Minuten.

2. In einer Pfanne Olivenöl erhitzen. Karotten, Zucchini, Champignons und Paprika hinzufügen. Das Gemüse anbraten, bis es zart und leicht goldbraun ist.

3. Den gekochten Amaranth zum Gemüse in die Pfanne geben und gut vermengen. Frischen Rosmarin und Thymian unterrühren und mit Salz und Pfeffer abschmecken.

4. Die Pfanne vom Herd nehmen und die gehackten Walnüsse unterheben.

5. In eine Schale geben und mit einem Schuss Kokosmilch beträufeln. Lass es dir schmecken.

Beilagen

Gebratener Blumenkohl

Zubereitungszeit: 20 Minuten
Portionen: 1 Person

Zutaten:

- 200 g Blumenkohl, in kleine Röschen geschnitten
- 1 EL Kokosöl
- 1 TL Kurkuma, gemahlen
- 1/2 TL Schwarzer Pfeffer
- 2 EL Mandeln, grob gehackt
- 1 EL Frische Petersilie, fein gehackt
- 1/2 Bio-Zitrone, nur der Saft
- Salz nach Geschmack

Zubereitung:

1. Erhitze in einer Pfanne das Kokosöl über mittlerer Hitze.

2. Füge die Blumenkohl-Röschen hinzu und brate sie, bis sie beginnen, goldbraun zu werden.

3. Streue den Kurkuma und den schwarzen Pfeffer über den Blumenkohl und rühre gut um, damit alle Röschen gleichmäßig gewürzt sind.

4. Lasse den Blumenkohl noch weitere 5-7 Minuten braten, bis er weich, aber noch bissfest ist.

5. In den letzten 2 Minuten der Garzeit füge die gehackten Mandeln hinzu und röste sie leicht an.

6. Nimm die Pfanne vom Herd und mische den frisch gepressten Zitronensaft und die Petersilie unter den Blumenkohl.

7. Mit Salz abschmecken und servieren.

Würzige Kürbiswürfel

Zubereitungszeit: 25 Minuten
Portionen: 1 Person

Zutaten:

- 200 g Kürbis, gewaschen und gewürfelt
- 2 EL natives Olivenöl extra
- 1 TL frischer Ingwer, fein gerieben
- 1 kleine Knoblauchzehe, fein gehackt
- 1/4 TL Kurkuma
- 1/2 TL Schwarzer Pfeffer, gemahlen
- Eine Prise Salz
- 1 EL frische Petersilie, fein gehackt

Zubereitung:

1. Den Kürbis in gleich große Würfel schneiden.

2. In einer Pfanne das Olivenöl erhitzen. Den frischen Ingwer und Knoblauch hinzugeben und kurz anbraten, bis sie duftend sind.

3. Nun die Kürbiswürfel in die Pfanne geben und bei mittlerer Hitze ca. 10 Minuten anbraten, bis sie weich und goldbraun sind.

4. Kurkuma, schwarzen Pfeffer und Salz hinzufügen und alles gut vermischen. Weitere 5 Minuten braten.

5. Vom Herd nehmen und die fein gehackte Petersilie darüber streuen.

6. In einer Schüssel oder auf einem Teller anrichten und servieren.

Dill-Gurken-Salat

Zubereitungszeit: 10 Minuten
Portionen: 1 Person

Zutaten:

- 1 mittelgroße Gurke, gewaschen und in dünne Scheiben geschnitten
- 2 EL frischer Dill, fein gehackt
- 1 Bio-Zitrone, Schale abgerieben und Saft ausgepresst
- 1 EL natives Olivenöl extra

- 1 kleine rote Beete, gewaschen und in dünne Scheiben geschnitten
- 1 Handvoll frischer Spinat, gewaschen und grob gehackt
- 1 EL Sonnenblumenkerne
- Eine Prise schwarzer Pfeffer
- Eine Prise Salz

Zubereitung:

1. In einer großen Schüssel die Gurkenscheiben, den gehackten Dill, den Spinat und die rote Beete miteinander vermengen.

2. In einer kleinen Schüssel das Olivenöl, den Zitronensaft, die Zitronenschale, den schwarzen Pfeffer und das Salz gut miteinander vermengen, bis ein Dressing entsteht.

3. Das Dressing über den Salat gießen und alles gut miteinander vermischen, damit der Salat gleichmäßig gewürzt ist.

4. Den Salat auf einen Teller geben und mit den Sonnenblumenkernen bestreuen.

Gebackener Rosenkohl mit Knoblauch

Zubereitungszeit: 25 Minuten
Portionen: 1 Person

Zutaten:

- 200 g Rosenkohl, gewaschen und halbiert
- 2 EL natives Olivenöl extra
- 1 frische Knoblauchzehe, fein gehackt
- 1 TL Meersalz
- 1 TL frisch gemahlener schwarzer Pfeffer
- 1 EL frische Petersilie, gehackt
- 1 TL Zitronensaft von einer Bio-Zitrone
- 1 TL Hanfsamen

Zubereitung:

1. Heize deinen Ofen auf 200 Grad vor.

2. In einer großen Schüssel vermengst du den halbierten Rosenkohl mit Olivenöl, gehacktem Knoblauch, Meersalz und schwarzem Pfeffer. Sorge dafür, dass der Rosenkohl gut mit dem Öl und den Gewürzen bedeckt ist.

3. Lege ein Backblech mit Backpapier aus und verteile den Rosenkohl gleichmäßig darauf.

4. Backe den Rosenkohl im vorgeheizten Ofen für etwa 15-20 Minuten, bis er goldbraun und knusprig ist. Wende den Rosenkohl nach etwa 10 Minuten, damit er gleichmäßig gart.

5. Nimm den gebackenen Rosenkohl aus dem Ofen und beträufle ihn mit Zitronensaft. Bestreue ihn anschließend mit Hanfsamen und frischer Petersilie. Guten Appetit.

Marinierte Rote Bete-Scheiben

Zubereitungszeit: 20 Minuten
Portionen: 1 Person

Zutaten:

- 1 mittelgroße Rote Beete, geschält und in feine Scheiben geschnitten
- 100 ml natives Olivenöl extra
- 50 ml frisch gepresster Saft von Bio-Zitronen
- 1 EL frisch gehackter Dill
- 1 EL frisch gehackter Basilikum
- 1 TL Meerrettich, fein gerieben
- Salz und schwarzer Pfeffer nach Geschmack

Zubereitung:

1. Die Roten Bete Scheiben gleichmäßig anordnen und in eine flache Schale oder einen Teller legen.

2. In einer kleinen Schüssel Olivenöl, Zitronensaft, Dill, Basilikum und Meerrettich miteinander vermischen.

3. Mit Salz und Pfeffer abschmecken und gut verrühren, bis sich alles gut verbunden hat.

4. Die Marinade gleichmäßig über die Rote Bete-Scheiben gießen.

5. Abdecken und für mindestens 15 Minuten ziehen lassen, damit die Rote Bete den Geschmack der Marinade aufnehmen kann. Am besten schmeckt es, wenn es über Nacht im Kühlschrank durchzieht.

6. Die Rote Bete-Scheiben aus der Marinade nehmen und auf einem Teller anrichten. Mit frischen Kräutern garnieren und servieren.

Spinat-Mandel-Pesto

Zubereitungszeit: 15 Minuten
Portionen: 1 Person

Zutaten:

- 100 g frischer Spinat, gewaschen und grob gehackt
- 40 g Mandeln, grob gehackt
- 2 Bio-Zitronen, Abrieb und Saft
- 1 Knoblauchzehe, fein gehackt
- 50 ml natives Olivenöl extra
- 1 EL Hanfsamen
- Salz und schwarzer Pfeffer, nach Geschmack
- 1 EL Hefeflocken (optional)

Zubereitung:

1. Die Mandeln in einer Pfanne ohne Öl bei mittlerer Hitze anrösten, bis sie leicht goldbraun sind. Dabei ständig bewegen, um ein Anbrennen zu verhindern.

2. Den gerösteten Mandeln, Spinat, Zitronenabrieb, Zitronensaft, Knoblauch und Hanfsamen in einen Mixer oder eine Küchenmaschine geben.

3. Während die Maschine läuft, das Olivenöl langsam hinzufügen, bis alles gut vermischt ist und eine glatte Paste entsteht.

4. Das Pesto mit Salz und Pfeffer abschmecken und, wenn gewünscht, die Hefeflocken hinzufügen, um einen leicht käsigen Geschmack zu erhalten.

5. Das Pesto in ein sauberes Glas geben und im Kühlschrank aufbewahren. Vor Gebrauch gut umrühren.

Knoblauch-Kohlrabi-Püree

Zubereitungszeit: 20 Minuten
Portionen: 1 Person

Zutaten:

- 1 mittelgroßer Kohlrabi, geschält und in Würfel geschnitten
- 2 Knoblauchzehen, geschält und halbiert
- 1 EL natives Olivenöl extra
- 50 ml Hafermilch, ungesüßt
- 1 EL frischer Basilikum, fein gehackt
- Salz und schwarzer Pfeffer nach Geschmack
- 1 TL frischer Bio-Zitronensaft
- 1 TL Chiasamen zum Bestreuen (optional)

Zubereitung:

1. In einem mittelgroßen Topf Wasser zum Kochen bringen. Die Kohlrabiwürfel und Knoblauchzehen hinzufügen und 10-12 Minuten kochen, bis sie weich sind.

2. Die gekochten Kohlrabiwürfel und Knoblauchzehen abgießen und in eine Schüssel geben.

3. Das Olivenöl und die Hafermilch hinzufügen und mit einem Pürierstab zu einem glatten Püree verarbeiten. Falls das Püree zu dick ist, kannst du noch etwas Hafermilch hinzufügen, bis die gewünschte Konsistenz erreicht ist.

4. Das Püree mit Salz, Pfeffer und Zitronensaft abschmecken. Den fein gehackten Basilikum unterrühren.

5. Das Püree in eine Servierschüssel geben, optional mit Chiasamen bestreuen und servieren.

Pilz-Knoblauch-Sauté

Zubereitungszeit: 20 Minuten
Portionen: 1 Person

Zutaten:

- 200 g frische Champignons, in Scheiben geschnitten
- 2 frische Knoblauchzehen, fein gehackt
- 1 Bio-Zitrone, Saft und Schale
- 1 EL natives Olivenöl extra
- 1 Handvoll frischer Spinat, gewaschen
- 1 EL frische Petersilie, gehackt
- Eine Prise grobes Meersalz
- Frischer schwarzer Pfeffer nach Geschmack
- 1 EL Sonnenblumenkerne

Zubereitung:

1. Erhitze das Olivenöl in einer großen Pfanne über mittlerer Hitze. Sobald es heiß ist, füge den gehackten Knoblauch hinzu und brate ihn goldbraun an.

2. Füge die geschnittenen Champignons hinzu und sautiere sie, bis sie zart und goldbraun sind, etwa 5-7 Minuten.

3. Während die Pilze kochen, röste die Sonnenblumenkerne in einer separaten Pfanne ohne Öl, bis sie leicht goldbraun sind. Setze sie beiseite.

4. Füge den Spinat zu den Pilzen und dem Knoblauch in der Pfanne hinzu. Koche, bis der Spinat welk ist.

5. Mische den Zitronensaft, die Zitronenschale, Salz und Pfeffer unter und koche alles noch 1-2 Minuten weiter.

6. Gib das Pilz-Knoblauch-Sauté auf einen Teller und garniere es mit den gerösteten Sonnenblumenkernen und der frisch gehackten Petersilie.

Gebackene Pastinaken-Sticks

Zubereitungszeit: 30 Minuten
Portionen: 1 Person

Zutaten:

- 2 mittelgroße Pastinaken, geschält und in Sticks geschnitten
- 2 EL natives Olivenöl extra
- 1 EL Chiasamen
- 1 TL frischer Thymian, fein gehackt
- 1 TL Kurkuma
- Salz nach Geschmack
- Schwarzer Pfeffer nach Geschmack
- 1 TL frischer Rosmarin, fein gehackt
- 2 EL Mandelmehl

Zubereitung:

1. Den Ofen auf 200 Grad vorheizen.

2. In einer großen Schüssel die Pastinaken-Sticks mit Olivenöl vermengen, sodass sie gut damit bedeckt sind.

3. Thymian, Kurkuma, Rosmarin, Salz und Pfeffer hinzufügen und alles gut vermischen.

4. Mandelmehl und Chiasamen hinzugeben und erneut vermischen, bis die Pastinaken gleichmäßig bedeckt sind.

5. Ein Backblech mit Backpapier auslegen und die Pastinaken-Sticks darauf verteilen. Dabei darauf achten, dass sie nicht übereinander liegen.

6. Im vorgeheizten Ofen etwa 20-25 Minuten backen, bis sie goldbraun und knusprig sind. Einmal während des Backens wenden, um eine gleichmäßige Bräunung zu gewährleisten.

7. Aus dem Ofen nehmen und kurz abkühlen lassen.

Asiatischer Krautsalat

Zubereitungszeit: 15 Minuten
Portionen: 1 Person

Zutaten:

- 100 g Rotkohl, fein geschnitten
- 50 g Karotten, geraspelt
- 50 g Radieschen, in dünne Scheiben geschnitten
- 2 EL frische Korianderblätter, grob gehackt
- 1 Bio-Zitrone, Saft und Abrieb
- 1 EL natives Olivenöl extra
- 1 TL frischer Ingwer, fein gerieben
- 1 TL Chiasamen
- Eine Prise Schwarzer Pfeffer
- 1 TL Sesam
- 2 EL Avocadomus
- 1 EL Hanfsamen

Zubereitung:

1. Du beginnst damit, den Rotkohl, die geraspelte Karotte und die Radieschenscheiben in eine Schüssel zu geben.

2. In einer kleinen separaten Schüssel vermischt du den Zitronensaft, Zitronenabrieb, Olivenöl und geriebenen Ingwer, um ein Dressing herzustellen.

3. Gib das Dressing über das Gemüse in der großen Schüssel und vermische alles sorgfältig.

4. Füge nun den frischen Koriander, die Chiasamen und den schwarzen Pfeffer hinzu und mische erneut.

5. Den Salat in deine Lieblingsschale geben und mit Avocadomus beträufeln.

6. Zum Schluss streust du die Hanfsamen und den Sesam darüber.

Avocado-Limetten-Dip

Zubereitungszeit: 10 Minuten
Portionen: 1 Person

Zutaten:

- 1 reife Avocado, entkernt und geschält
- Saft und Abrieb von 1 Bio-Limette
- 1 kleine Knoblauchzehe, fein gehackt
- 1 EL natives Olivenöl extra
- 1 TL frischer Ingwer, gerieben
- 1 TL frischer Koriander, gehackt
- Salz und schwarzer Pfeffer nach Geschmack
- Einige Chiasamen als Topping (optional)

Zubereitung:

1. Nimm eine Schüssel und zerdrücke die Avocado mit einer Gabel, bis sie cremig ist.

2. Füge den Saft und den Abrieb der Limette hinzu.

3. Füge den gehackten Knoblauch und geriebenen Ingwer hinzu und vermische alles gut.

4. Gib das Olivenöl dazu und rühre es unter, bis es vollständig eingearbeitet ist.

5. Schmecke mit Salz und schwarzem Pfeffer ab.

6. Streue den frischen Koriander darüber und mische erneut.

7. Wenn du möchtest, kannst du einige Chiasamen als Topping darüberstreuen.

Schlusswort

Liebe Leserin, lieber Leser,

Ich hoffe, dass jedes Rezept, das du ausprobiert hast, ein Schritt auf deinem Weg zu einer bewussteren und gesünderen Ernährungsweise war. Mögen diese Seiten dich inspiriert haben, dich kreativ in der Küche auszuleben, zu experimentieren und vielleicht sogar deine eigenen Rezepte zu kreieren.

Dieses Buch ist mehr als nur eine Sammlung von Rezepten; es ist ein Ausdruck der Überzeugung, dass leckeres Essen und Gesundheit Hand in Hand gehen können. Gesundheit ist kein Zustand, sondern ein fortlaufender Prozess. Und jeder kleine Schritt, jede einzelne Entscheidung, die wir treffen, führt uns auf diesem Weg weiter.

In diesem Sinne möchte ich dich ermutigen, weiterhin Neues auszuprobieren, deine Grenzen in der Küche zu erweitern und vor allem, Freude am Kochen und Essen zu haben. Und denke daran: Das Wichtigste ist nicht das perfekte Gericht, sondern die Liebe und Sorgfalt, die wir hineinstecken.

Deine Carina Lehmann

Impressum

www.ingramcontent.com/pod-product-compliance
Lightning Source LLC
LaVergne TN
LVHW051256200726
843510LV00010B/1155